히어로 액션 코딩 학습 만화

 10

초판 1쇄 발행 2019년 12월 23일
2판 2쇄 발행 2023년 11월 17일

글 이준범
그림 김기수
감수 이정
추천 한국공학한림원

펴낸이 김선식
펴낸곳 ㈜다산북스

책임편집 김민지
디자인 이정아

ISBN 979-11-3067-792-7 77550

경영총괄이사 김은영
어린이사업부총괄이사 이유남
어린이콘텐츠사업2팀장 이지양
어린이콘텐츠사업2팀 이정아 윤보황 류지민
마케팅본부장 권장규
마케팅5팀 최민용 안호성 박상준 송지은
미디어홍보본부장 정명찬
브랜드관리팀 안지혜 오수미 문윤정 이예주
저작권팀 한승빈 이슬 윤제희
재무관리팀 하미선 윤이경 김재경 이보람 임혜정
인사총무팀 강미숙 김혜진 지석배 황종원
제작관리팀 이소현 최완규 이지우 김소영 김진경 박예찬
물류관리팀 김형기 김선진 한유현 전태환 전태연 양문현 최창우 이민운

출판등록 2005년 12월 23일 제313-2005-00277호
주소 경기도 파주시 회동길 490
전화 02-704-1724 **팩스** 02-703-2219
종이 아이피피 **인쇄** 민언프린텍
코팅 및 후가공 평창피앤지 **제본** 다온바인텍

외부 스테프 조판 최지연 정보글 오원석

* 책값은 뒤표지에 있습니다.
* 파본은 본사와 구입하신 서점에서 교환해 드립니다.
* 이 책은 저작권법에 의하여 보호를 받는 저작물이므로 무단 전재와 복제를 금합니다.
* 이 시리즈는 산업통상자원부의 지원을 받아 NAEK 한국공학한림원과 ㈜다산북스가 발간합니다.

품명: 도서 | **제조자명**: ㈜다산북스 | **제조국명**: 대한민국 | **전화번호**: 02-703-1723
주소: 경기도 파주시 회동길 490 | **제조년월**: 2019년 12월 | **사용연령**: 8세 이상
※ KC마크는 이 제품이 공통안전기준에 적합하였음을 의미합니다.

 특징

만화만 보면, 코딩이 술술 풀린다!

- ▶ 코딩 학습에 필수 불가결한 세계관 창조!
- ▶ 만화에 녹아든 학습 내용은 영상(QR 코드)으로 확인!
- ▶ 한국공학한림원이 추천한 도서!
- ▶ 실전 연습이 가능한 '엔트리 실행 카드' 여섯 장 수록!

본문 만화
흥미로운 만화에 녹아든 학습 내용

만화 속 개념
개념으로 정리, 사고를 확장
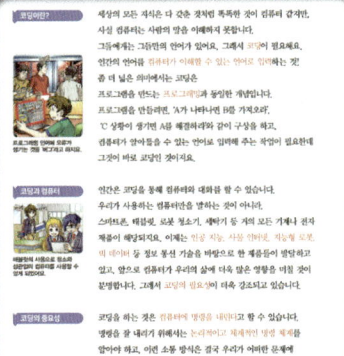

워크북
다양한 코딩 문제 풀기

실행 카드
실전 연습이 가능한 실행 카드 여섯 장

이렇게 중요한 코딩이 재미있습니다!

스티브 잡스 (애플 창업자)
"이 나라 모든 사람은 코딩을 배워야 합니다.
코딩은 생각하는 방법을 가르쳐 줍니다."

버락 오바마 (미국 전 대통령)
"비디오 게임을 사지만 말고 직접 만드세요.
휴대폰을 갖고 놀지만 말고 프로그램을 만드세요."

팀 쿡 (애플 대표)
"외국어보다 코딩을 먼저 배워라.
코딩은 전 세계 70억 인구와 대화할 수 있는 글로벌 언어이기 때문이다."

추천 합니다

이정 (서울 대광 초등학교 교사)
'4차 산업 혁명'이라 일컫는 지금 이 시대를 살아가는 인류라면 코딩에 대해 정확하게 알 필요가 있고, 흥미를 붙여야 할 것입니다. 《코딩맨》 시리즈는 초등학생들이 가지고 있는 코딩에 대한 막연한 생각을 흥미롭게 풀어낸 책이라고 생각합니다. 학생들은 주인공 유강민을 통하여 코딩에 대해 친숙함을 느낄 것이고, 만화와 연계된 적지 않은 개념이 학습에 큰 효과를 줄 것으로 기대합니다.

권오경 (한국공학한림원 회장)
한국공학한림원은 기술 발전에 현저한 공을 세운 공학 기술인을 발굴하고, 그와 관련된 학술 연구와 지원 사업을 위하여 설립된 특수 법인 단체입니다. 바야흐로 인공 지능 시대입니다. 전 세계적으로 코딩 교육 열풍이 일고, 우리나라도 교과 과정에 소프트웨어와 코딩이 포함되면서 그에 대한 관심이 폭증하고 있습니다. 《코딩맨》 시리즈는 코딩 교육의 시작점에 함께 서 있다고 볼 수 있습니다. 또한 이 책은 컴퓨터 지식과 코딩, 엔트리가 재미있는 스토리에 녹아든 최초의 학습 만화이기 때문에, 코딩에 흥미를 느끼지 못한 학생이라도 '코딩이 어떤 것인지 알고 싶다'라는 생각이 절로 들 것이라 생각합니다.

엔트리 소개

4차 산업 혁명 시대, 코딩 교육은 선택이 아닌 **필수!**

4차 산업 혁명 시대 오늘날, 정보 통신 기술과 인공 지능, 로봇, 빅 데이터 등의 기술이 융합되며 신기술과 산업이 개발되고 있습니다. 이에 맞는 인재 양성을 위해 많은 나라에서 코딩 교육을 시작하였습니다. 코딩 교육은 창의적인 아이디어를 키우고, 아이디어를 현실화할 수 있도록 논리적이며, 체계적으로 표현하는 방법을 익히는 교육입니다.

초·중·고 코딩 교육 **의무화!**

초등 교과에 코딩 교육이 의무화되며 코딩 교육은 선택이 아닌 필수인 시대가 되었습니다. 블록형 프로그래밍 언어인 '엔트리'는 우리나라에서 개발하였으며, 초등학교부터 대학교까지 많은 교육 기관에서 컴퓨팅 사고력을 키우는 도구로 활용되고 있습니다. 엔트리는 한글 구문에 맞춰 만들어졌기 때문에 글을 쓰듯이 블록을 이어 코딩할 수 있습니다.

$$ㄴ + ㅏ = 나$$

'ㄴ' 과 'ㅏ'가 만나 '나'가 되는 것처럼 블록을 조립하기만 하면 아주 다양한 결과를 볼 수 있습니다.
블록들로는 시작, 흐름, 움직임, 생김새, 붓, 소리, 판단, 계산, 자료 등이 있지요. 블록들을 연결함으로써 내가 만든 캐릭터가 말하고, 움직이는 것을 확인할 수 있는 재미도 있습니다.

▶ 스크래치와 엔트리

블록형 프로그래밍 언어에는 미국에서 개발한, 엔트리와 가장 닮은 성격의 '스크래치'가 있습니다. 그렇다면 스크래치와 엔트리의 차이점에 대해 알아볼까요?

스크래치		엔트리	
동작	시계 방향 회전과 반시계 방향 회전으로 나뉘어 있어요.	움직임	양수를 입력하면 시계 방향으로, 음수를 입력하면 반시계 방향으로 회전해요.
연산	엔트리보다는 명령 블록이 적지만, 그래도 여러 개의 명령 블록을 이어 만들 수 있어요.	계산	스크래치보다 명령 블록이 더 많아 적은 명령 블록을 사용하면 돼요.
형태	색깔 효과, 어안 렌즈, 소용돌이, 픽셀화, 모자이크, 밝기, 투명도의 효과를 줄 수 있어요.	생김새	색깔, 밝기, 투명도 효과만 줄 수 있어요. 또한 상하 또는 좌우로 뒤집을 수 있어요.
소리	소리를 편집할 수 있어요.	소리	소리 편집은 조금 기다리면 지원 될 거예요.

코딩 교육 의무화에 맞춘 엔트리 학습의 시작!
코딩맨과 함께 그 첫걸음을 나아가세요!

등장 인물

코딩맨(유강민)
어느 날부터 특별한 코딩 능력을 얻은 주인공. 인간 세계를 지키기 위해 디버깅과 새로운 작전을 실행한다.

주예린
주인공 유강민의 단짝 친구. 버그에게 감염당해 상급버그가 되지만, 코딩맨의 도움으로 인간의 모습을 되찾는다.

레이카
디버깅의 특수 요원. 코딩맨의 발전을 묵묵하게 지켜보는 인물로 버그킹덤에서 팀을 이끌며 멋진 활약을 펼친다.

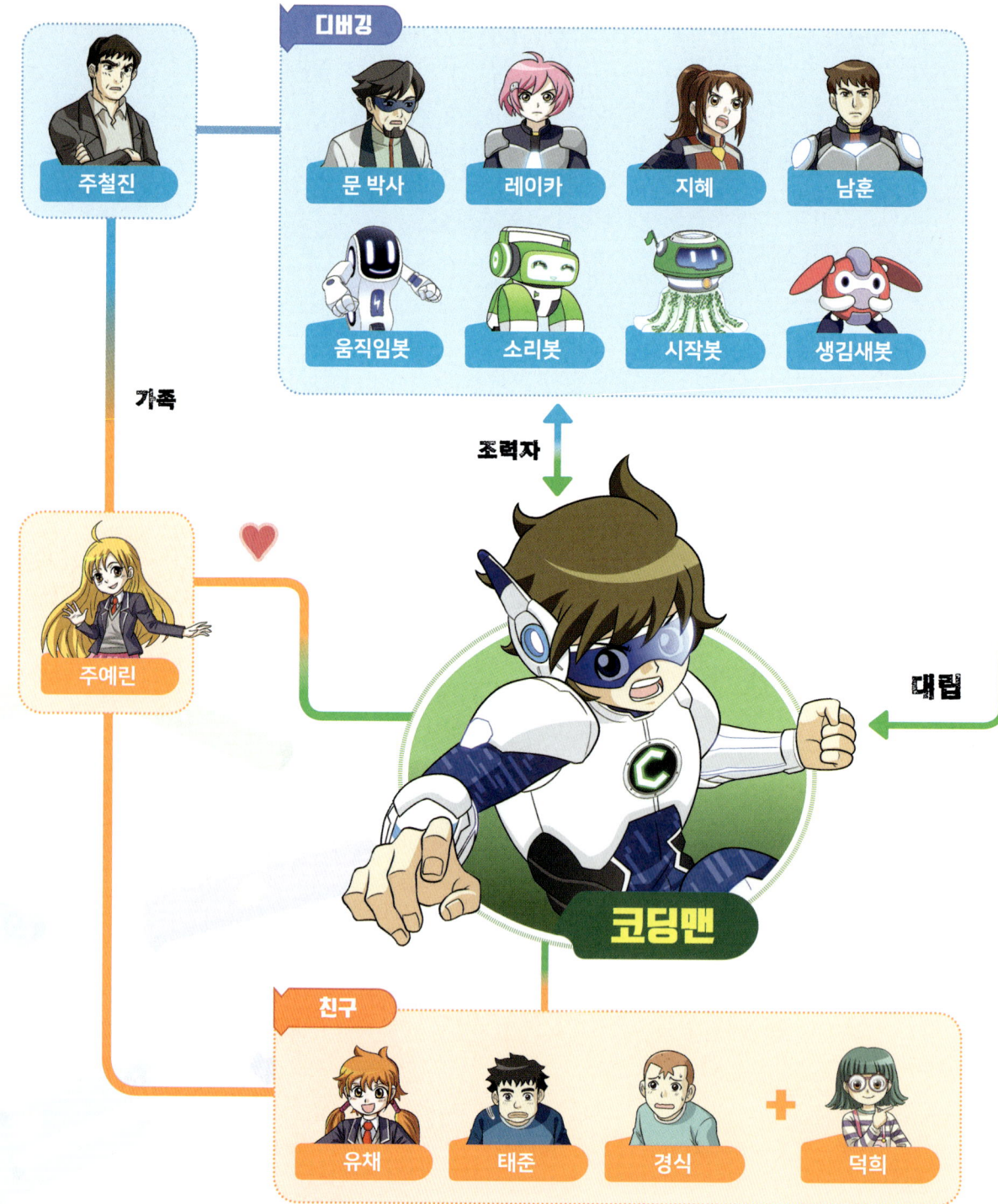

엔트리봇 VS 엔트리버그

움직임버그의 껍질로 만든 디버깅의 인공 지능 로봇. 코딩맨과 정신 연령이 같아 자주 싸우지만 누구보다 코딩맨을 믿고 의지한다.

움직임봇

소리버그의 껍질로 만든 인공 지능 로봇. 사람이 느낄 수 없는 음파와 진동까지 감지할 수 있다.

 **소리봇**

시작버그의 강력한 픽셀 공격을 접목하여 만들어진 로봇으로 몸이 픽셀화되어 있다.

시작봇

생김새 블록의 특성을 살려 크기나 색상을 바꿀 수 있는 로봇으로 고무 소재로 만들었다.

 **생김새봇**

흐름버그 흐름 블록 꾸러미에 있는 명령 블록에 특화된 상급버그. 버그킹덤의 두 번째 상급버그로 엑스버그의 명령을 수행하기 위해 인간 세계로 간다.

움직임버그 움직임 블록 꾸러미에 있는 명령 블록에 특화된 상급버그. 버그킹덤이 만든 최초의 상급버그다. 오브젝트를 회전시키거나 원하는 위치로 이동할 수 있다.

생김새버그 생김새 블록 꾸러미에 있는 명령 블록에 특화된 상급버그. 오브젝트의 생김새를 바꿀 수 있다.

소리버그 소리 블록 꾸러미에 있는 명령 블록에 특화된 상급버그. 오브젝트의 소리를 바꿀 수 있다.

시작버그 시작 블록 꾸러미에 있는 명령 블록에 특화된 상급버그. 몸을 자유자재로 바꿔 공격력을 강화시켰다.

변수버그 변수 블록 꾸러미에 있는 명령 블록에 특화된 상급버그. 공중을 자유롭게 날며 적을 공격한다.

계산버그 계산 블록 꾸러미에 있는 명령 블록에 특화된 상급버그. 가슴에서 강한 버그력을 내뿜는다.

판단버그 판단 블록 꾸러미에 있는 명령 블록에 특화된 상급버그. 무엇이든지 몸에 닿으면 물체의 형태를 바꿀 수 있다.

차례

1. 거대한 상급합체버그 ······ 17

2. 검은 망토의 정체 ······ 43

3. 재회 ······ 73

4 버그킹, 꼼짝 마! ······ 103

5 최후의 결전 ······ 129

만화 속 개념 ······ 166   코딩맨 워크북 ······ 170

정답과 해설 ······ 172

이 책에 자주 등장하는 단어

#코딩   #버그   #디버깅   #아두이노   #피지컬 컴퓨팅
#센서   #출력 장치   #사이버 보안   #해킹   #엔트리
#오브젝트   #판단 블록   #계산 블록   #변수 블록
#프로그래밍 언어   #텍스트 프로그래밍 언어   #파이썬

지난 이야기

어느 날, 평범한 초등학생 유강민에게 보이는
프로그래밍 언어.
강민은 인간 세계의 평화를 위해
코딩맨이 되기로 결심한다.
한편, 버그킹덤의 공격은 점점 거세지고,
코딩맨은 디버깅과 협업해
버그킹덤을 습격하는데…….

거대한 상급합체버그

끝을 알 수 없는 결전 속에서 새롭게 등장한 상급버그.
이번에는 어떤 기능이 특화된 버그가
코딩맨을 기다리고 있을까?

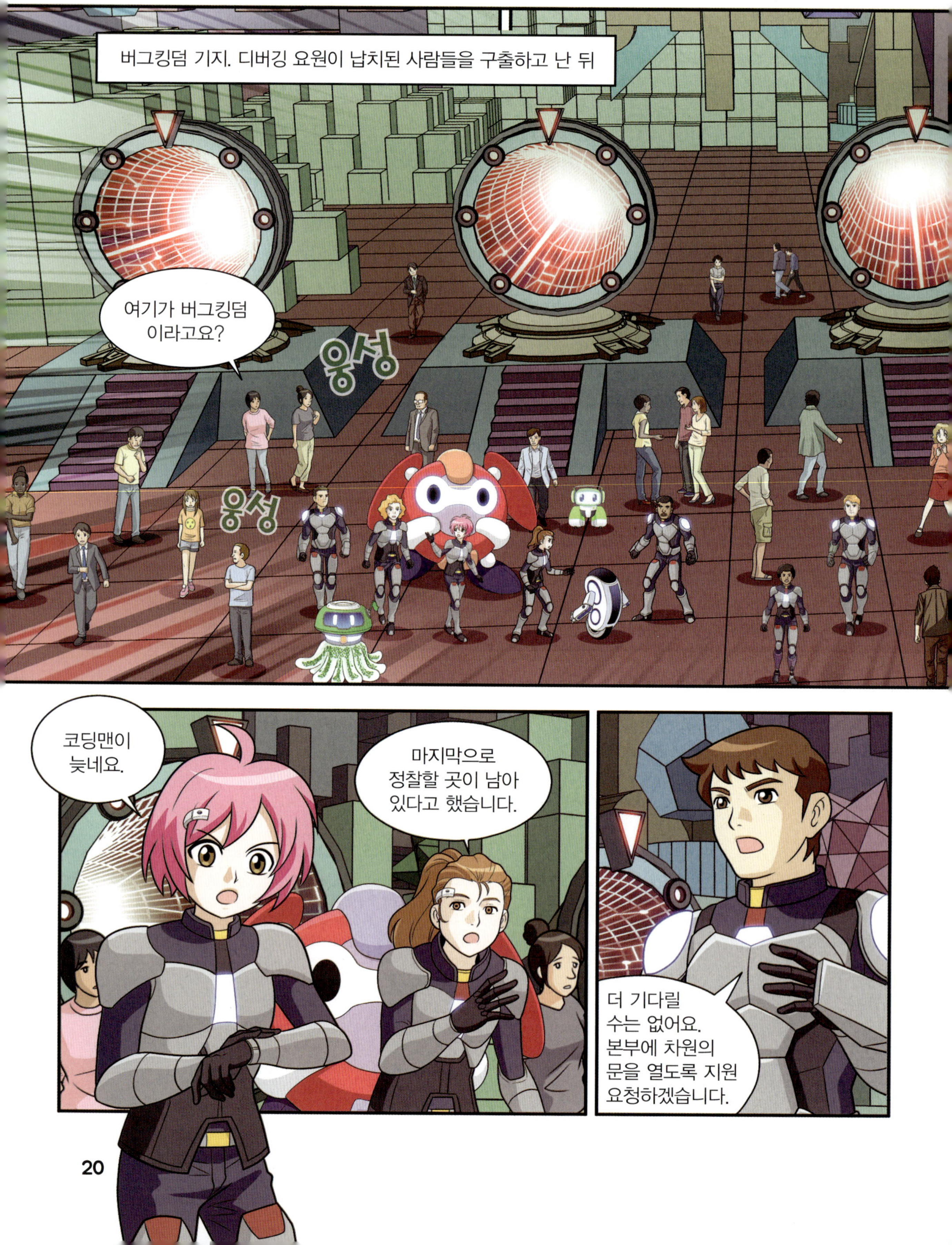

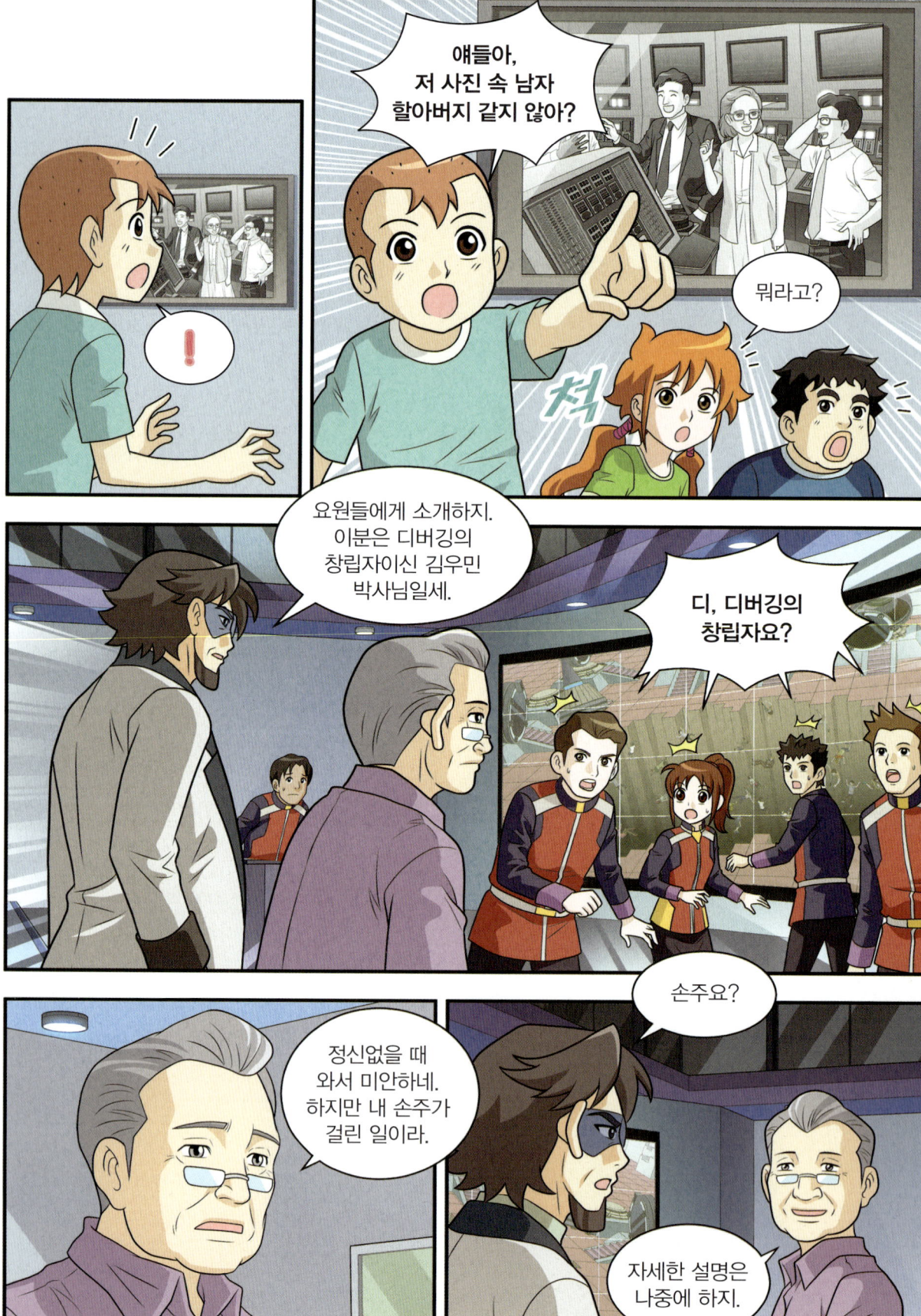

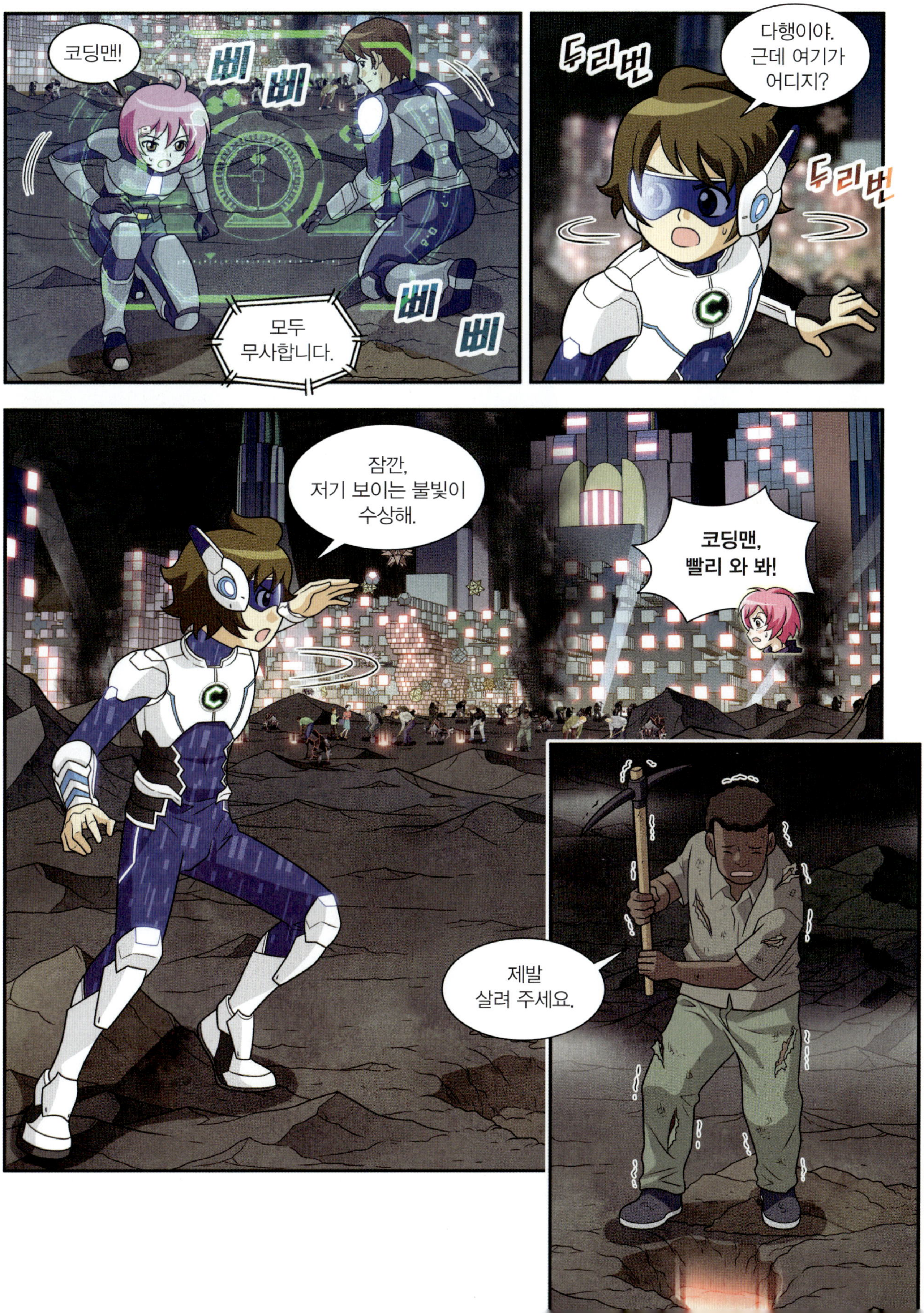

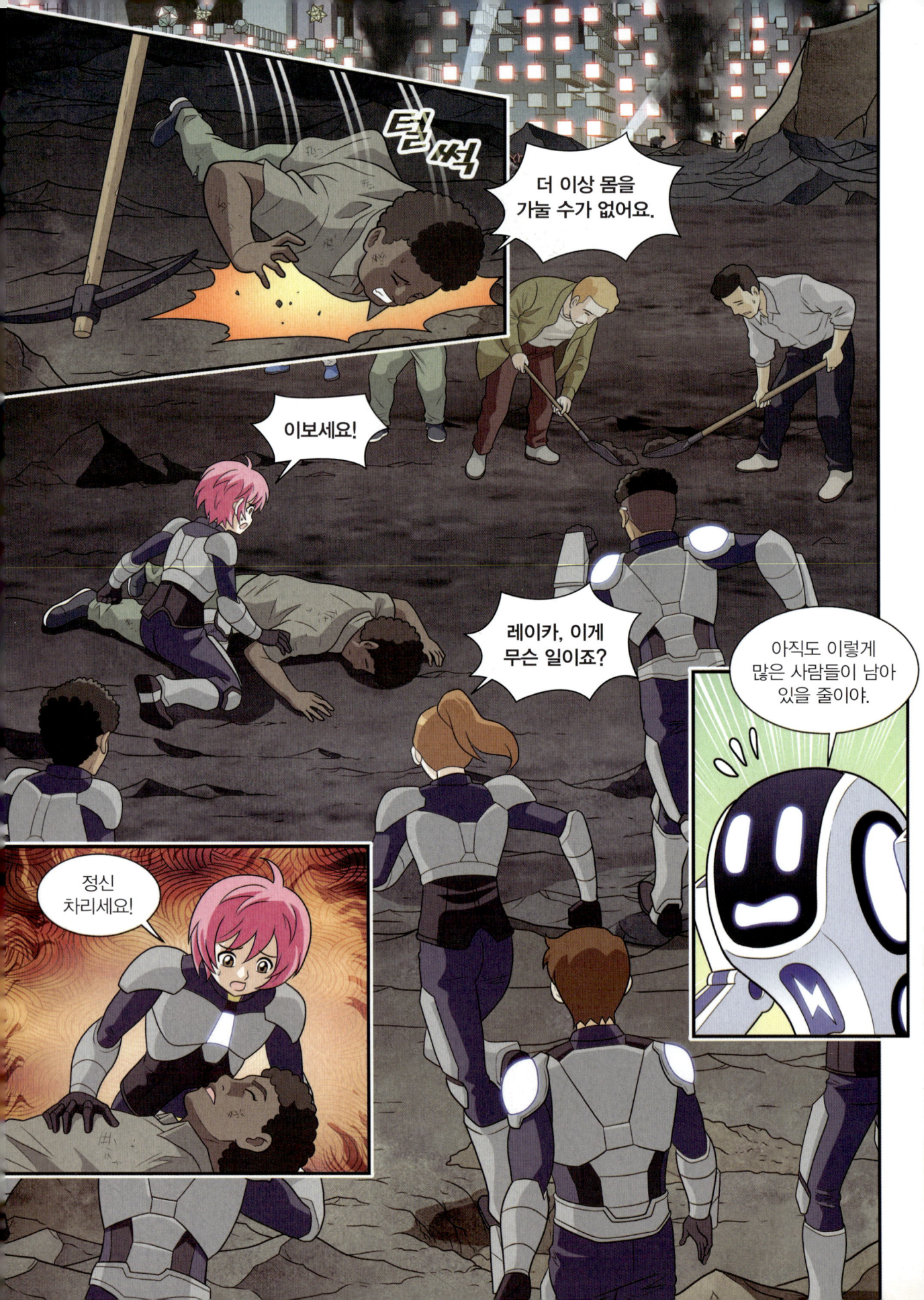

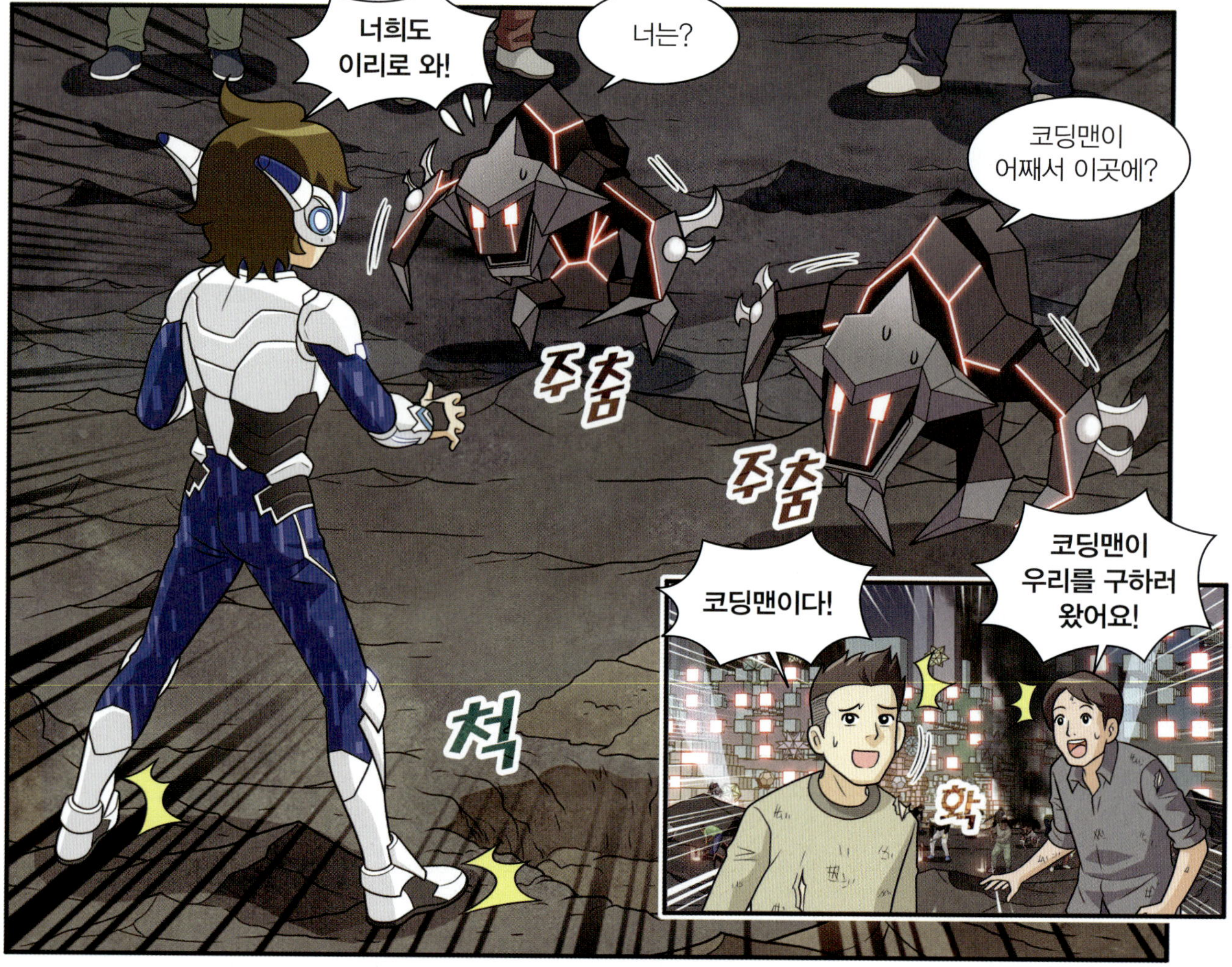

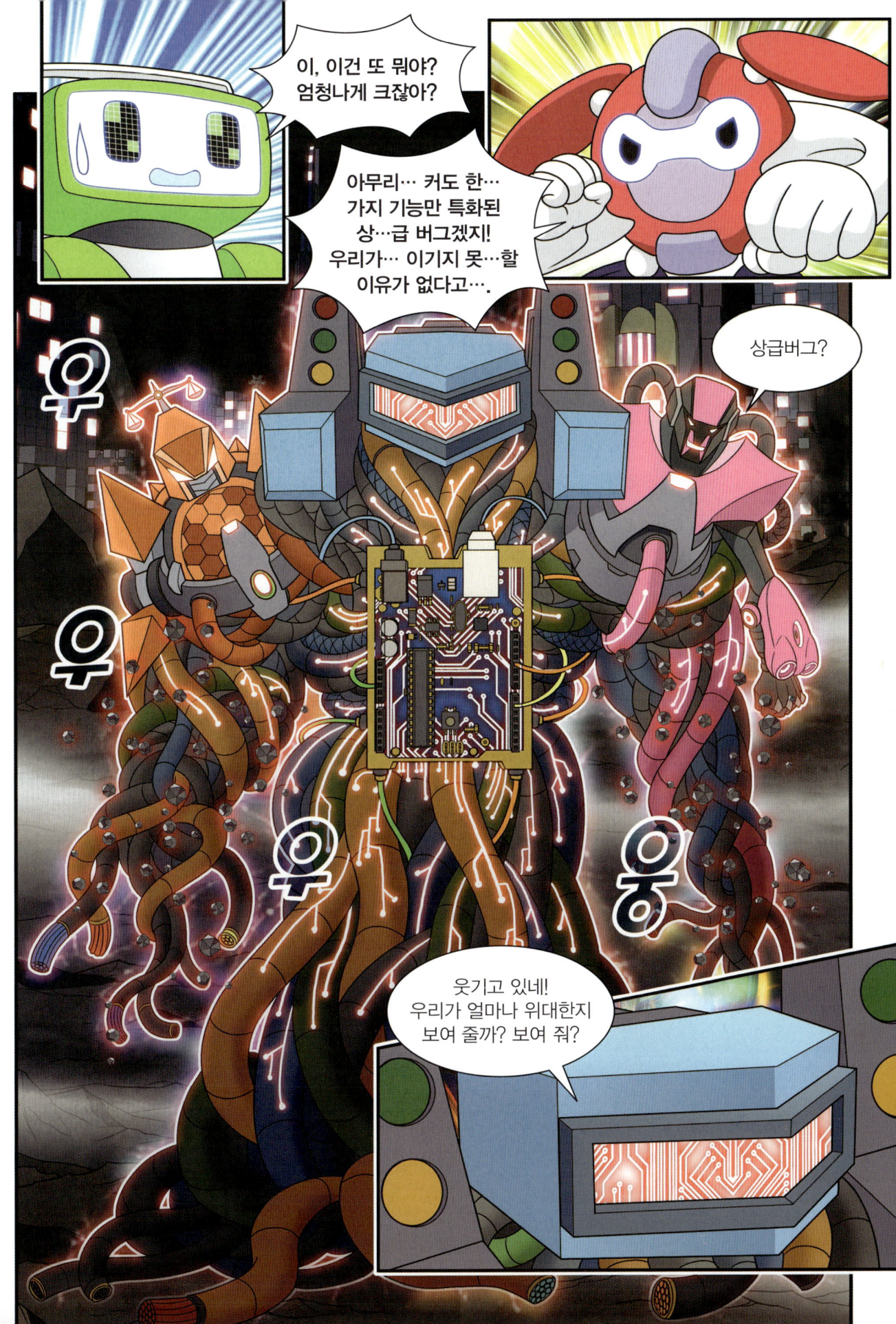

으아악!

캬

앙

합체버그의 공격 한 방에 상급봇들의 공격이 무력화됐어!

살려 주세요!

다들 조심해. 정말 힘이 센 로봇이야.

비틀

비틀

얘들아!

 만화 속 개념   단순하지만 컴퓨터의 메인보드 역할을 하는 기판을 아두이노라고 해요. 166쪽에서 자세히 알아봐요.

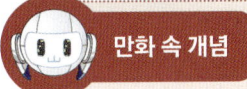

검은 망토의 정체

"성급한 공격은 그만둬!"
절체절명의 상황에서 또다시 나타난 검은 망토.
너의 정체를 밝혀라!

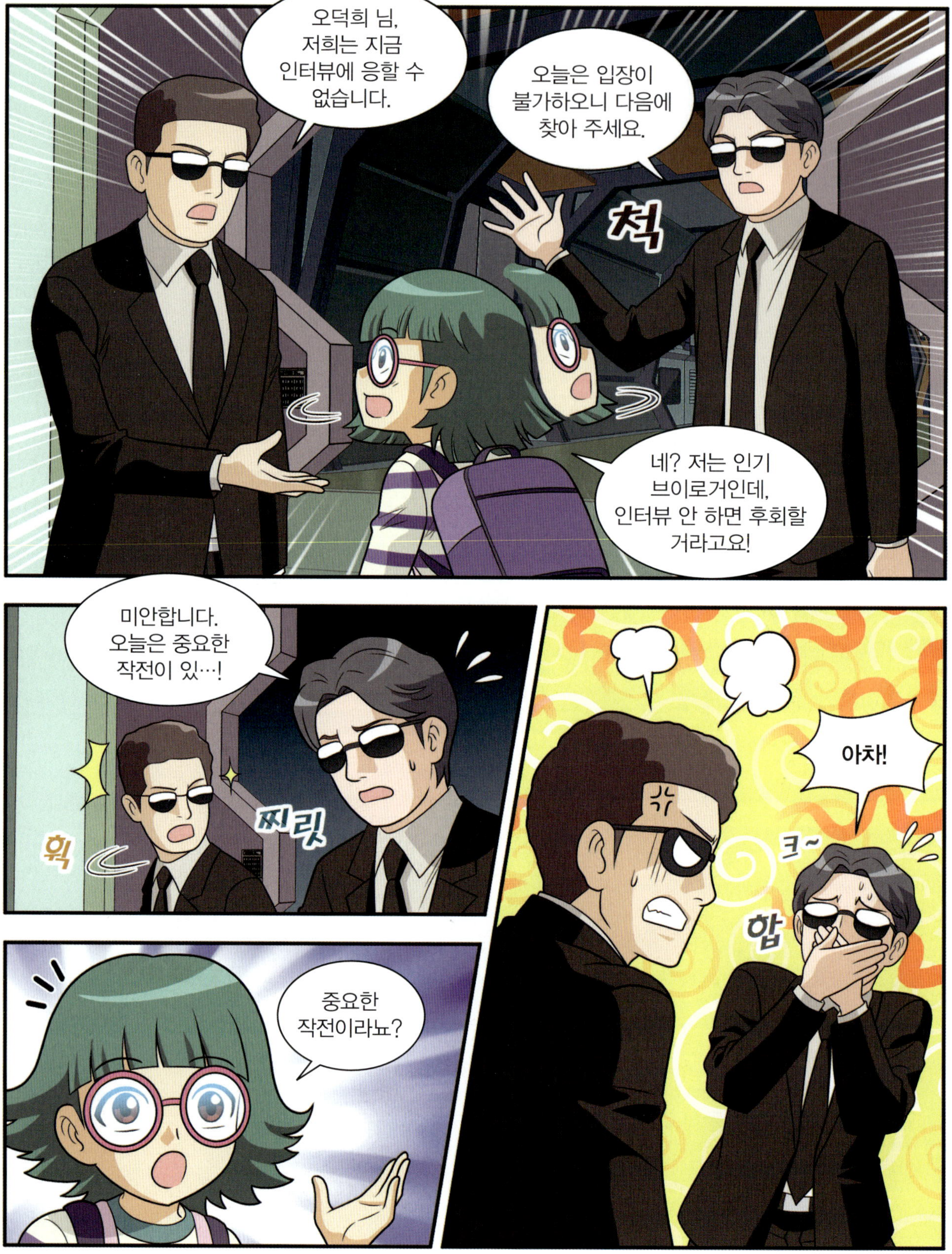

오덕희 님, 저희는 지금 인터뷰에 응할 수 없습니다.

오늘은 입장이 불가하오니 다음에 찾아 주세요.

네? 저는 인기 브이로거인데, 인터뷰 안 하면 후회할 거라고요!

미안합니다. 오늘은 중요한 작전이 있…!

아차!

중요한 작전이라뇨?

 **만화 속 개념** 나의 소중한 정보를 지키기 위해 사이버 안전 수칙을 익혀 봅시다.

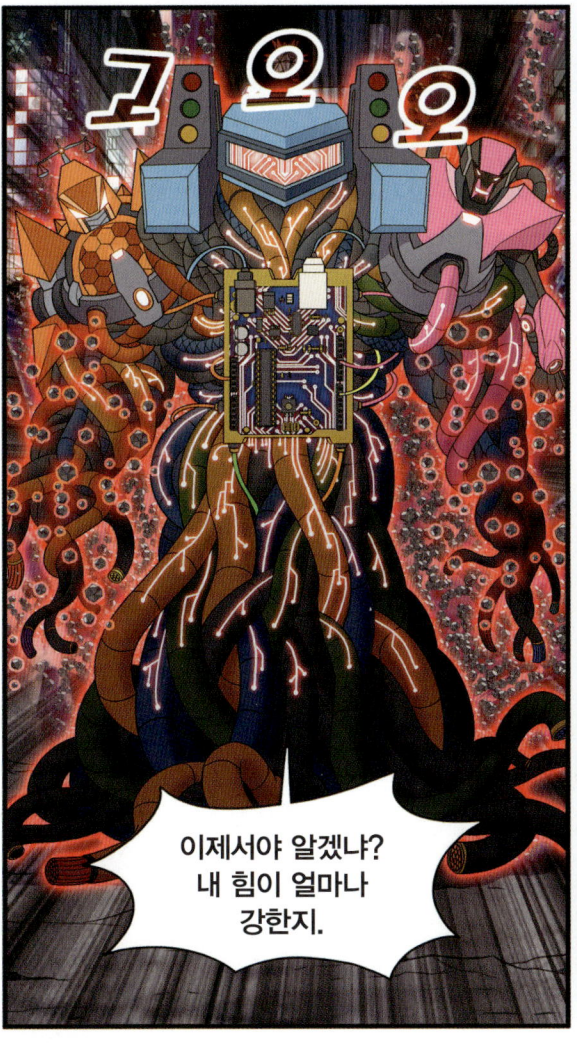

검은 망토의 정체 55

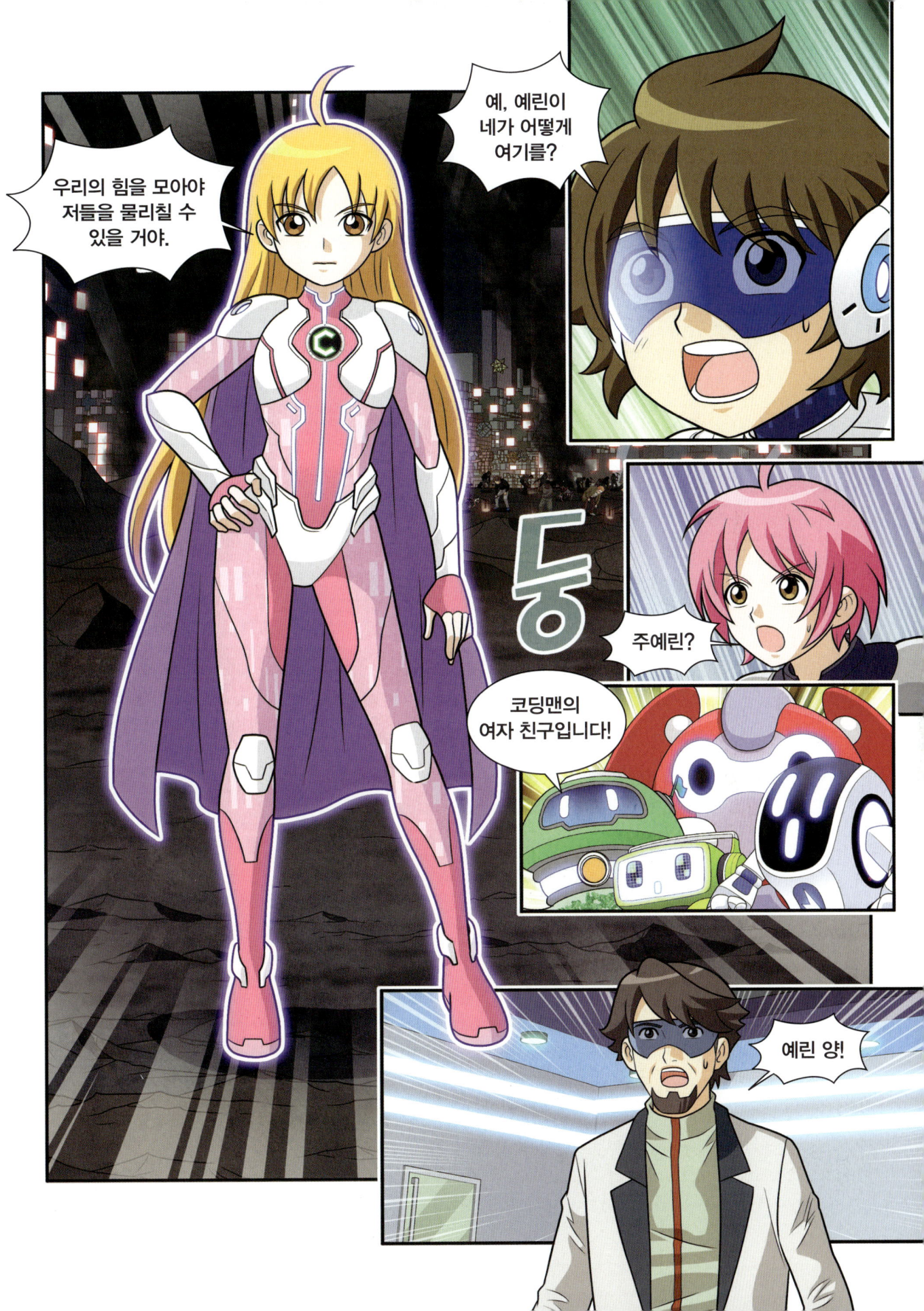

물풍선 받기 게임 ▲

팟

위잉

징

그래, 널 상대할 사람은 나뿐이지!

그 전에 무대부터 설정하고!

챙

오브젝트의 무대 설정을 완료하였습니다.

가라!

슈우웅

변수 대미지 ▶ 보이기 ?

변수로 오브젝트 조절하기 ▲

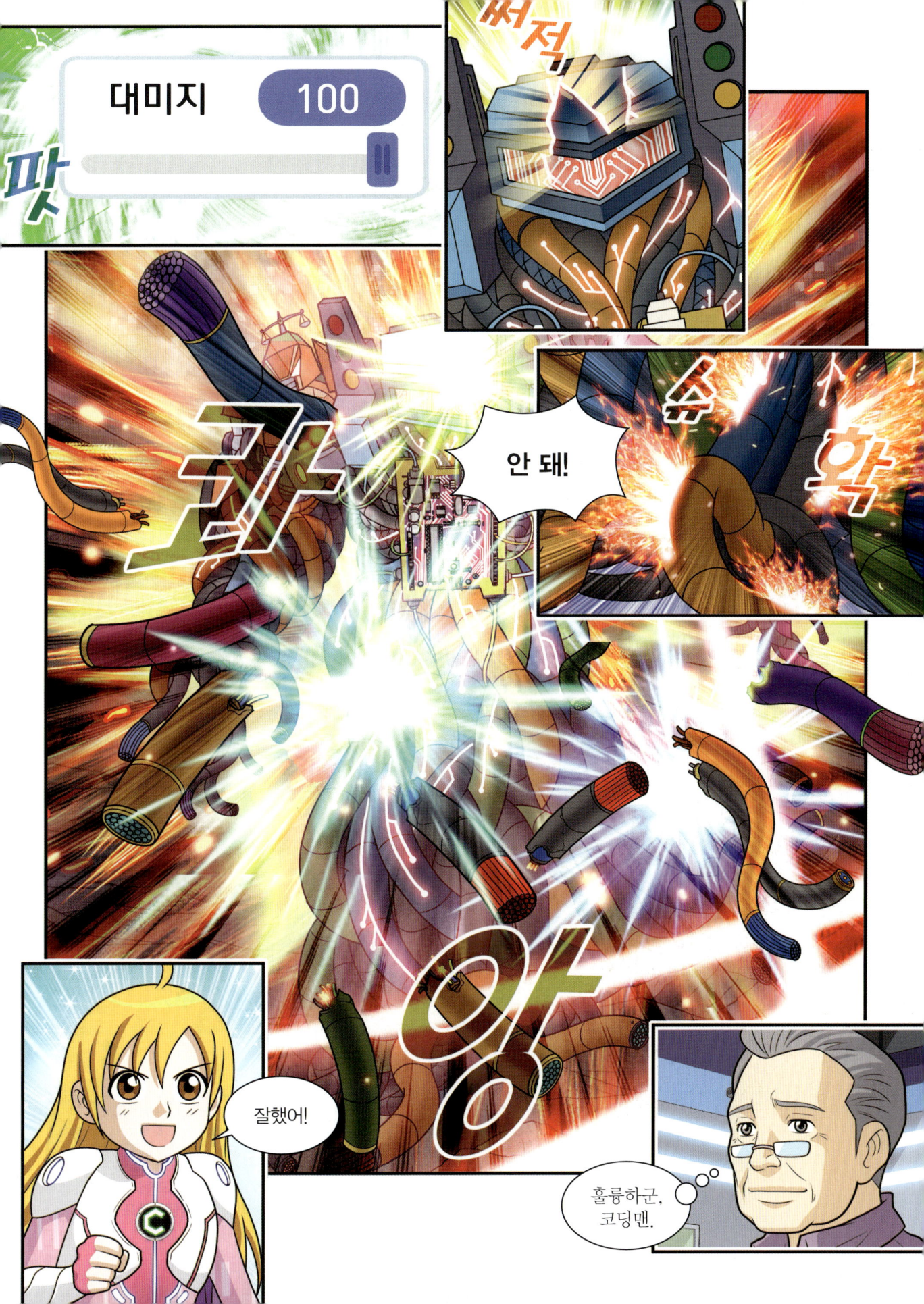

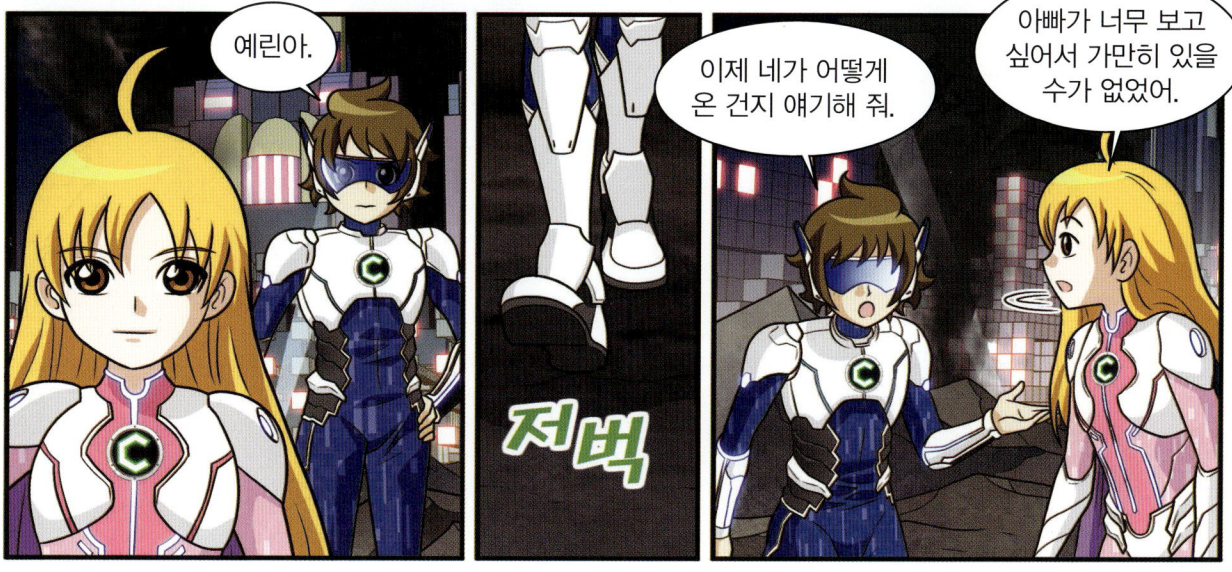

하지만 여기가 얼마나 위험한지 네가 제일 잘 알잖아! 날 못 믿은 거야?

예린이 말이 맞아. 예린이는 우리가 힘을 합쳐 코딩맨을 도와야 한다고 했어!

그런 예린이한테 화를 내? 멍청한 녀석이!

그건 아니야. 여기에서 내가 해야 할 일이 더 있어.

너네, 설마 태준이랑 경식이냐?

그래, 이 바보야! 우리 셋 다 지금 디버깅 본부에 와 있거든?

예린이 부탁으로 이것저것 조사까지 했다고!

조사?

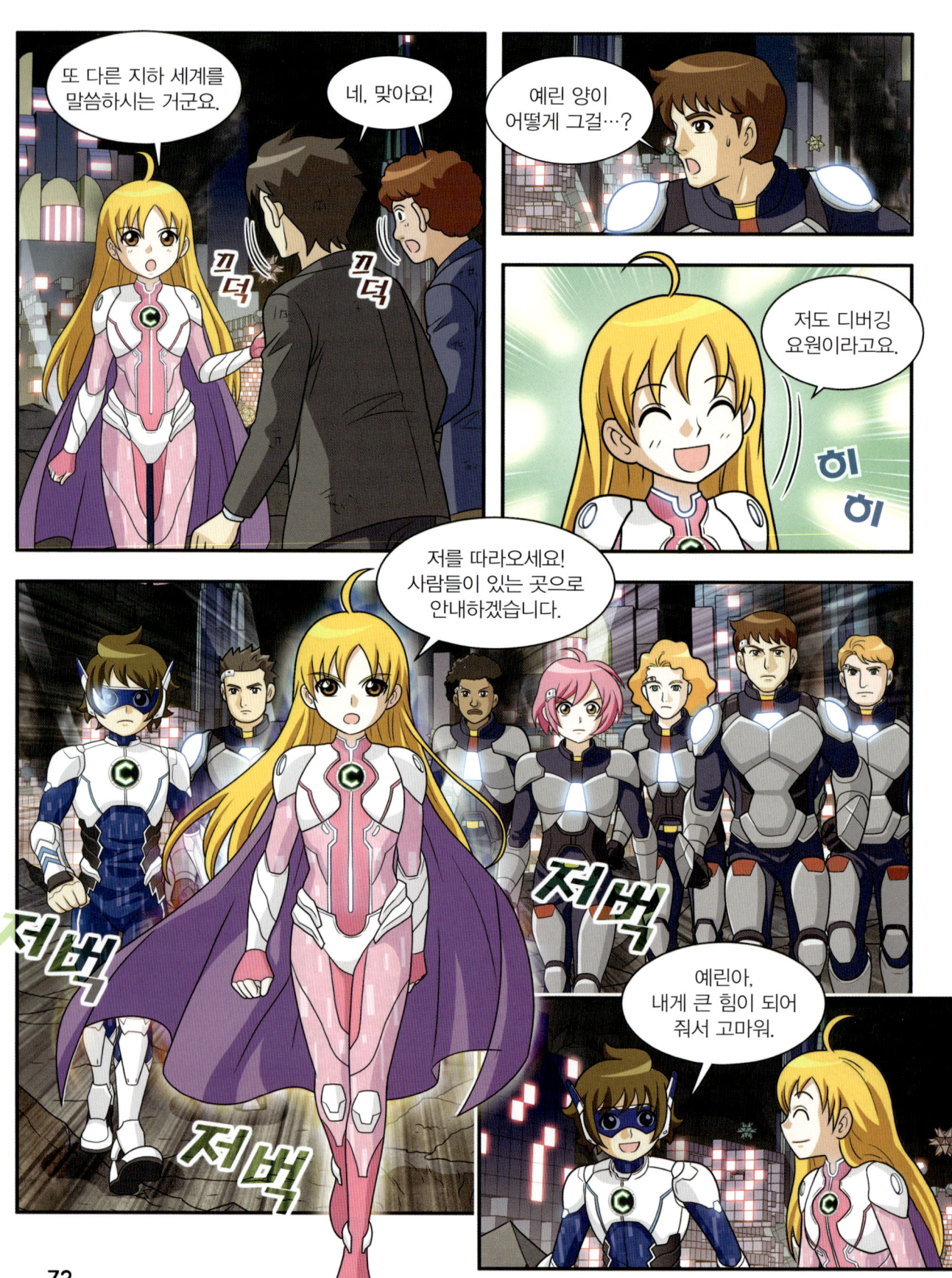

③ 재회

드디어 만나게 된 철진과 예린.
그러나 철진의 상태가 심상치 않다.

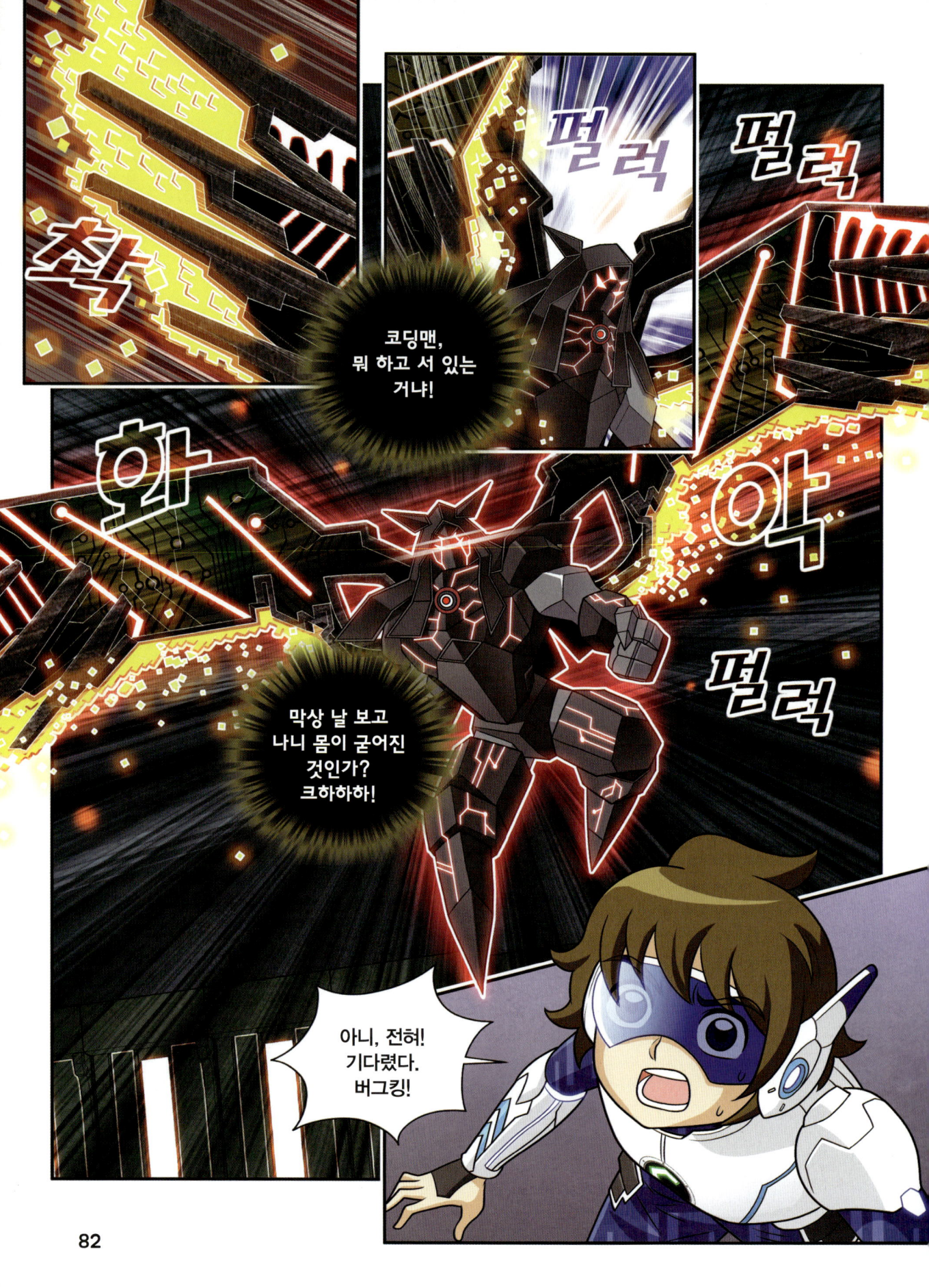

만화 속 개념: 신문, 음료 등을 파는 매점이라는 뜻의 키오스크는 공공장소 및 음식점에서 흔히 사용하는 무인 단말기예요.

재회 91

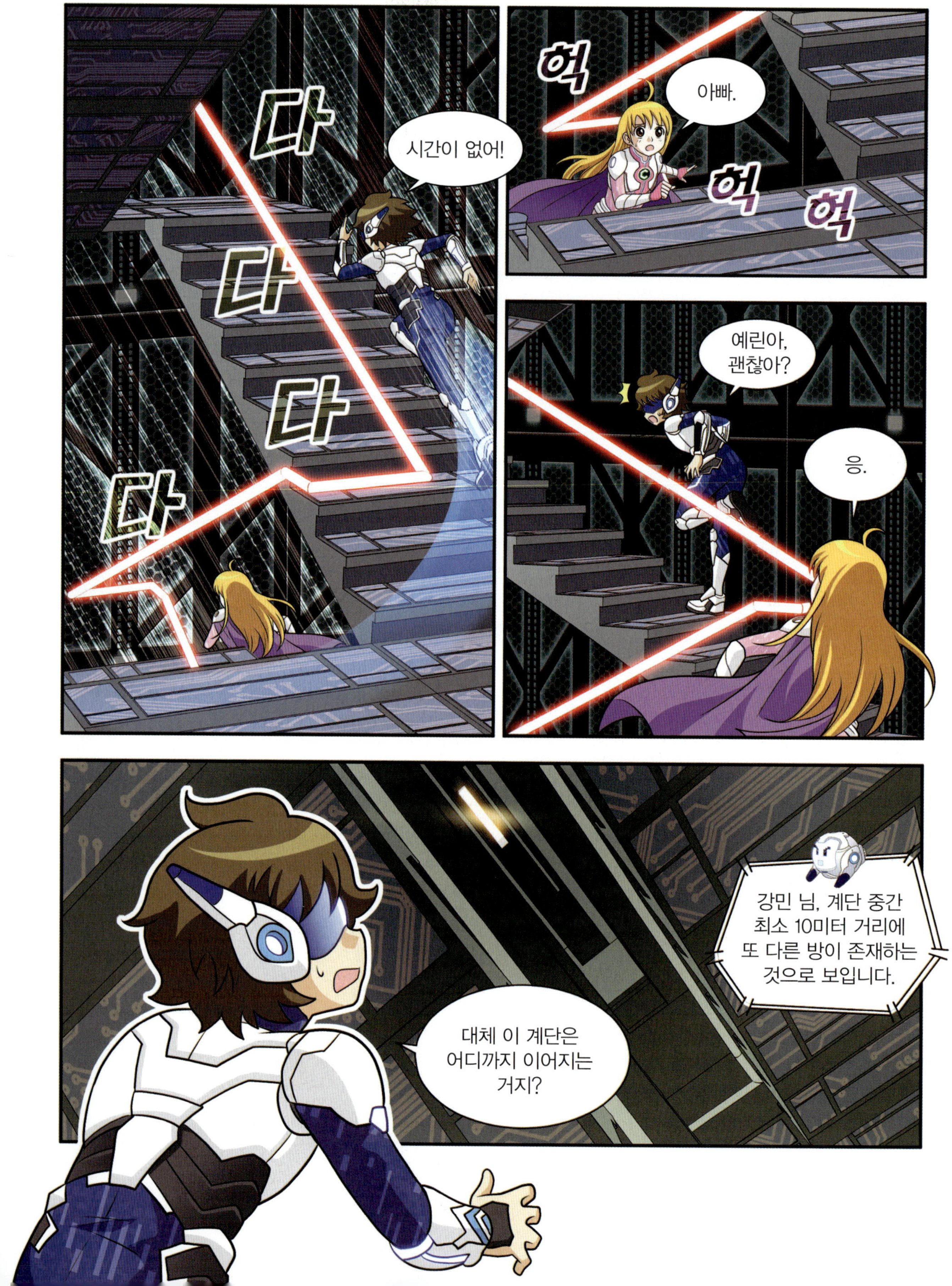

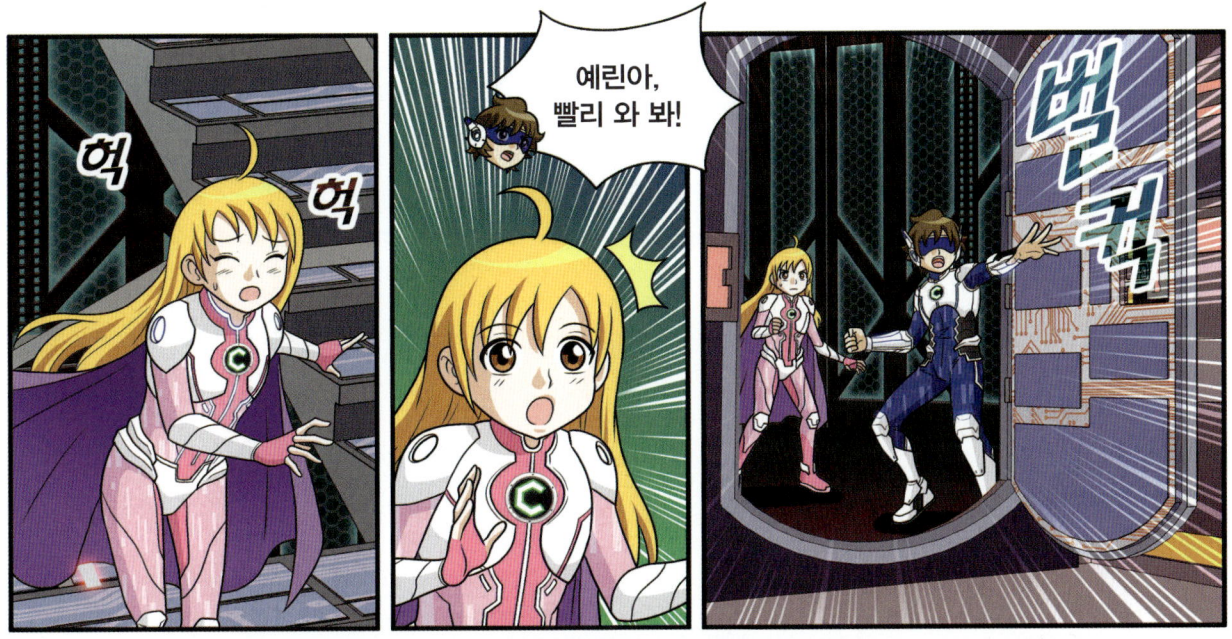

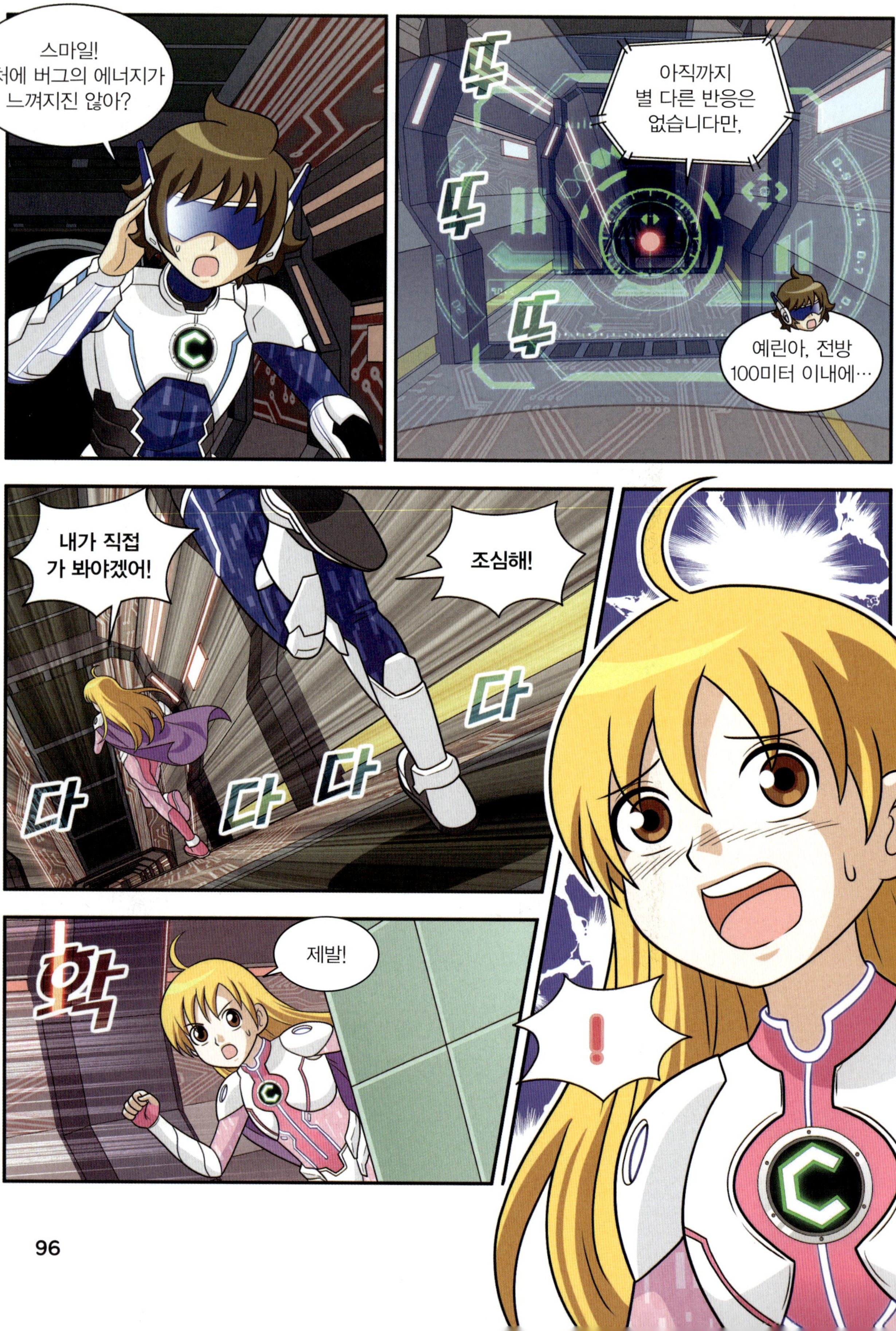

비밀번호 묻고 대답하기(응용편)▲

버그킹, 꼼짝 마!

철진의 운명이 코딩맨의 손에 달려 있는 지금,
강민의 마음은 무겁기만 하다.

* 수세: 적의 공격을 맞아 지키는 세력

버그킹, 꼼짝 마! 107

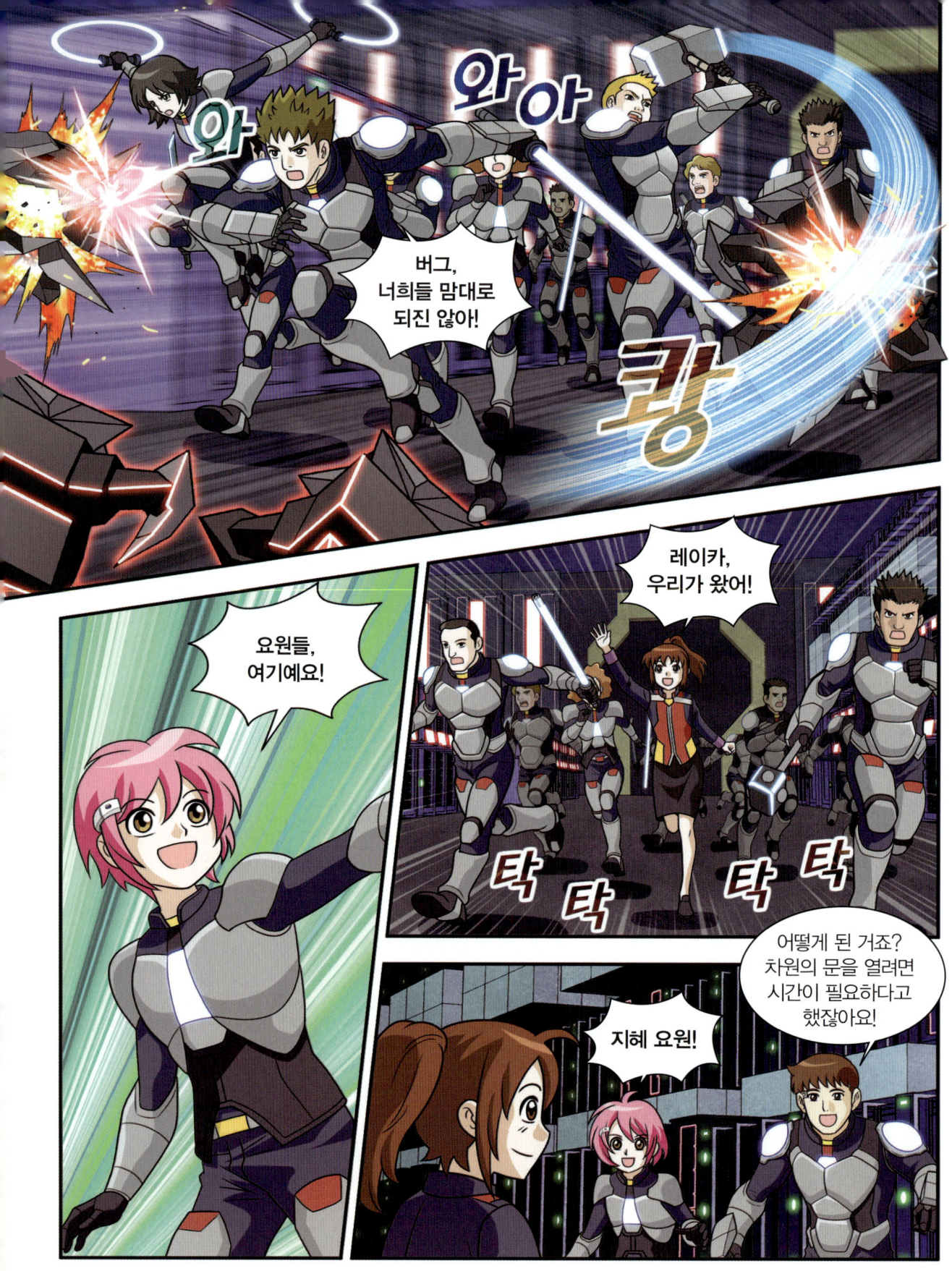

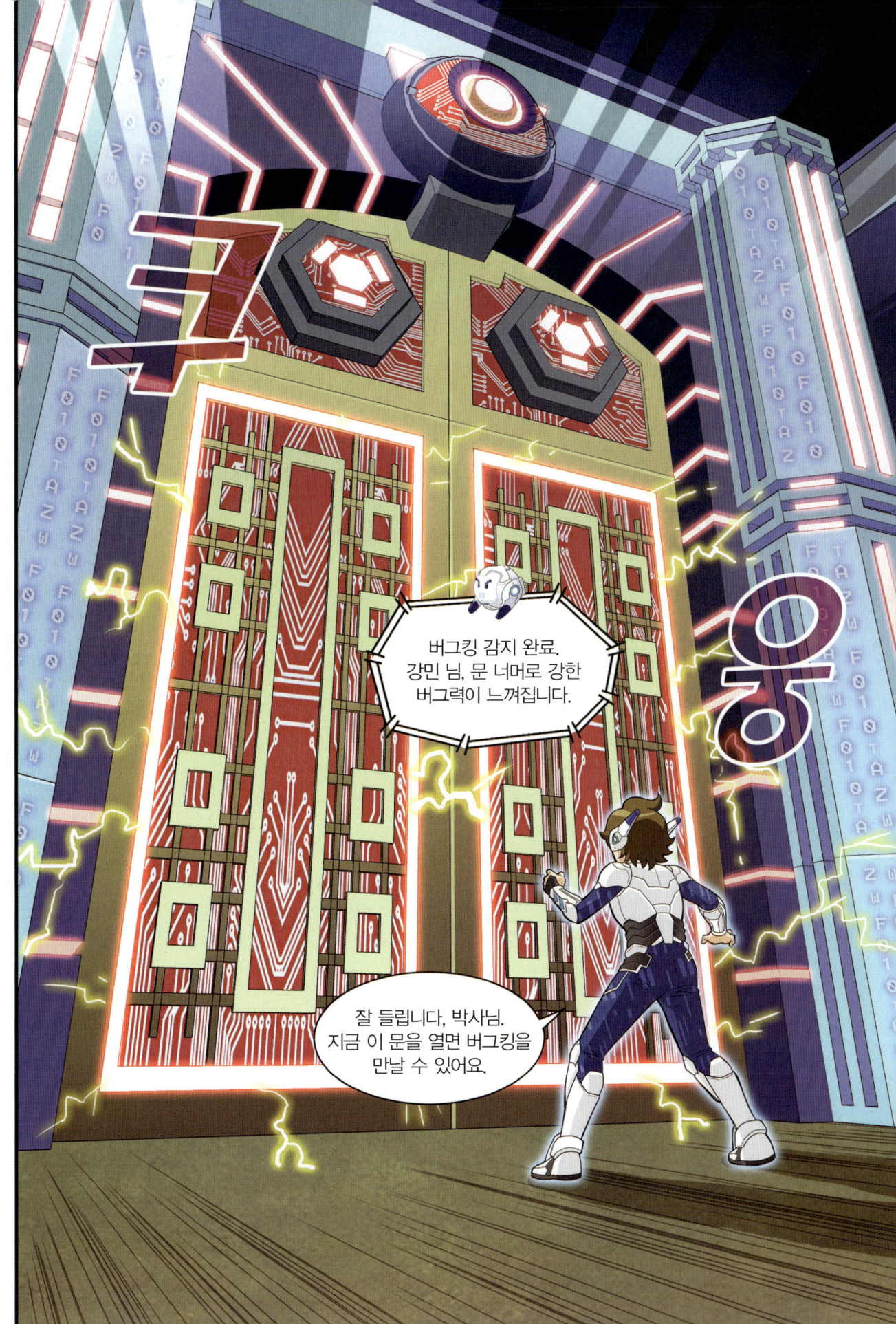

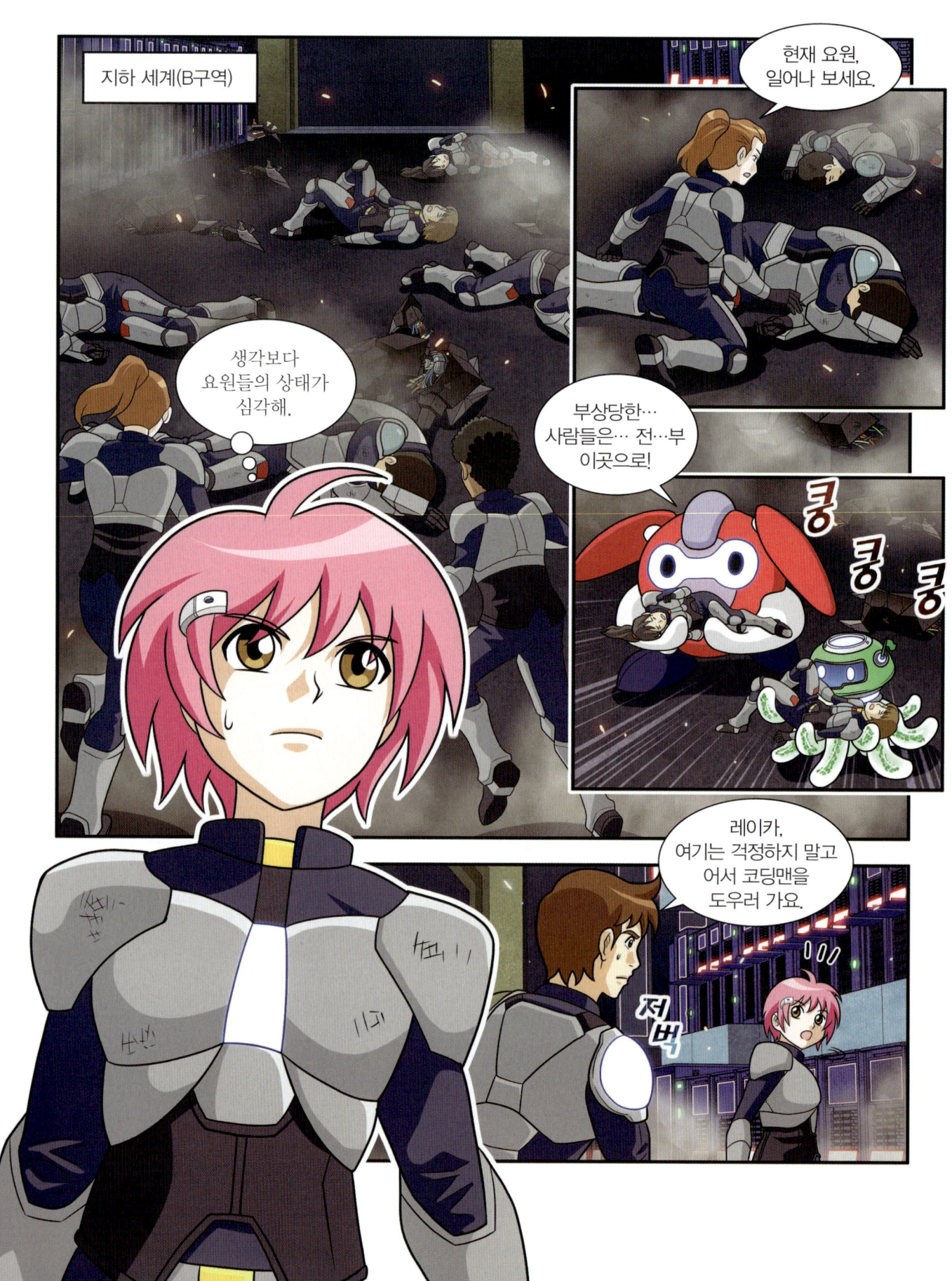

최후의 결전

코딩맨 VS 버그킹
과연 승리를 거머쥔 자는 누가 될 것인가?

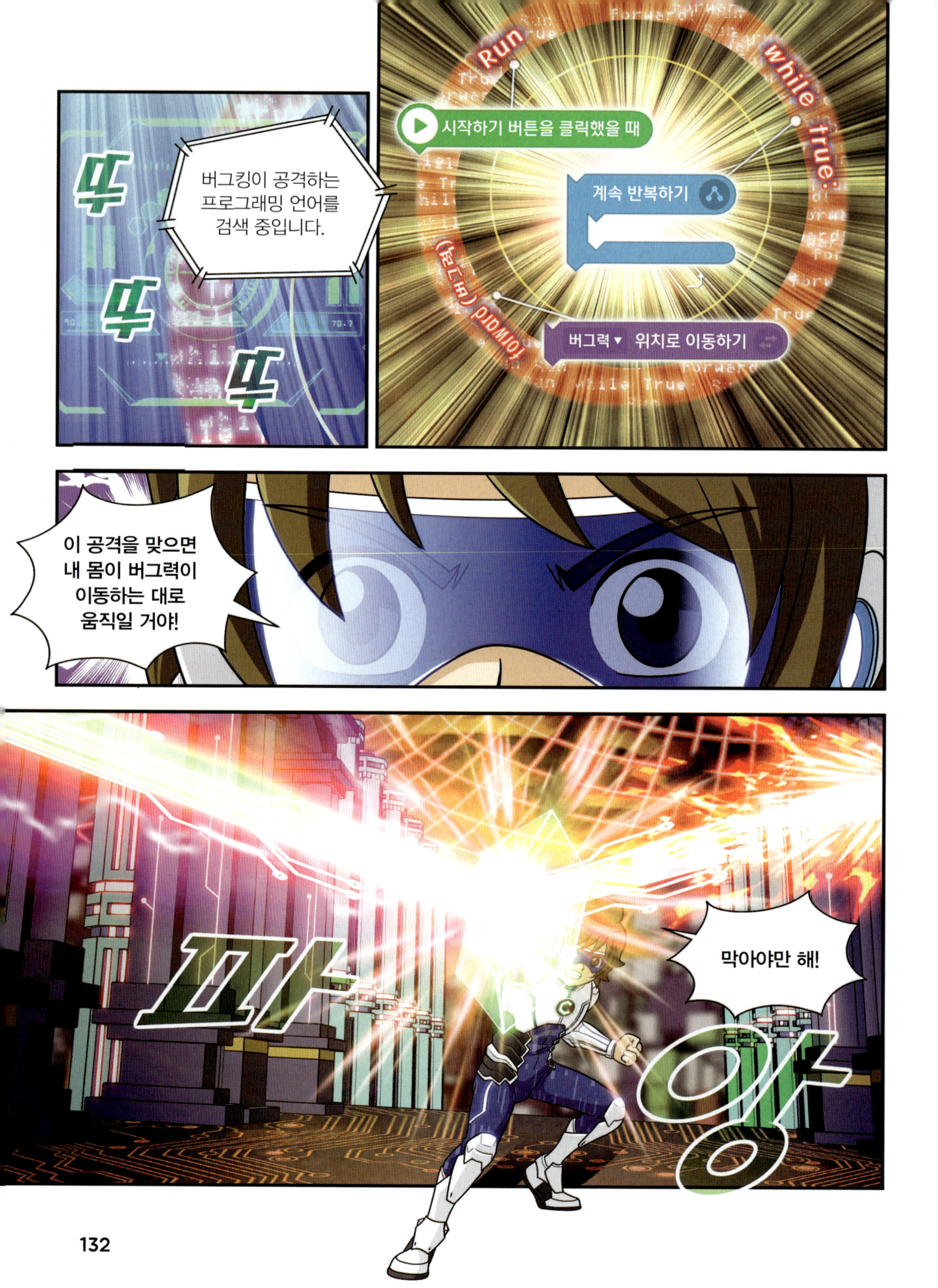

뚜 뚜 뚜

버그킹이 공격하는 프로그래밍 언어를 검색 중입니다.

시작하기 버튼을 클릭했을 때

계속 반복하기

버그력▼ 위치로 이동하기

이 공격을 맞으면 내 몸이 버그력이 이동하는 대로 움직일 거야!

파

막아야만 해!

야

133

내가 이런 하찮은 수법에 넘어갈 것 같아?

버그킹, 이제 내 차례 맞지?

내가 오늘만 기다렸다니까!

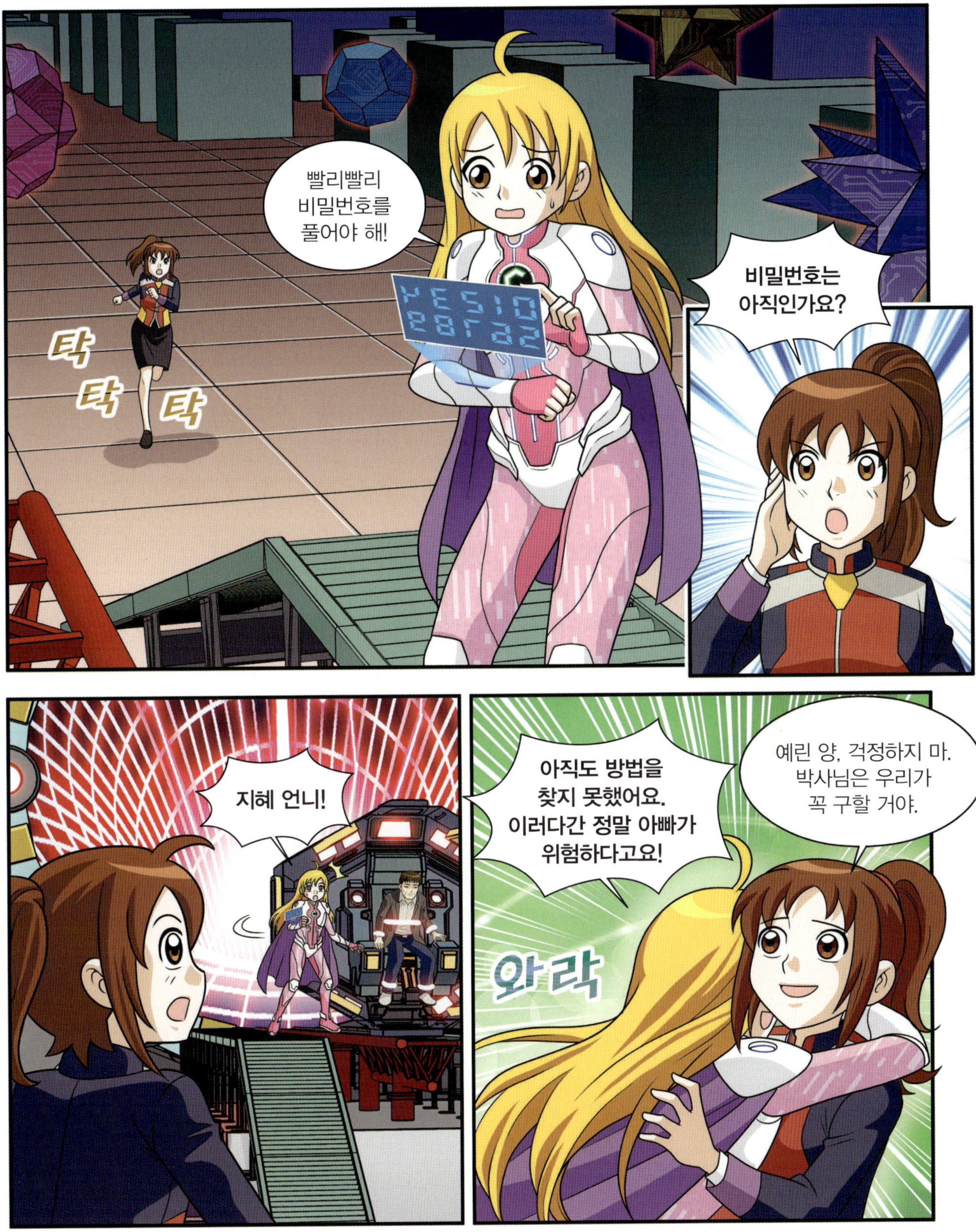

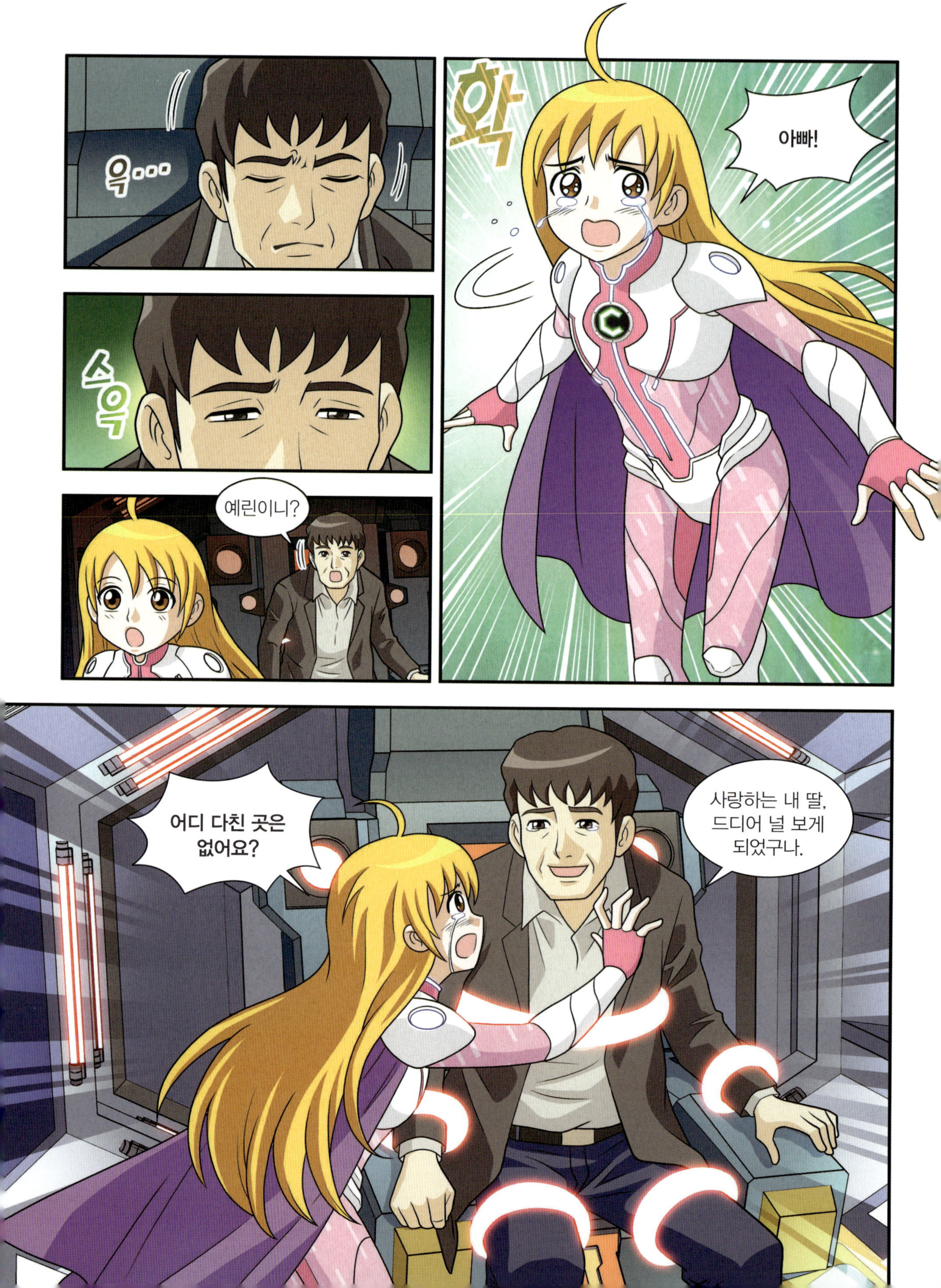

비밀번호 오류

경우의 수를 모두 입력하기에는 시간이 부족해요. 버그킹에 대한 조사가 다시 필요합니다.

이제 시간이 얼마 남지 않았어요!

제발 이번에는!

변수 입력을 성공하였습니다.

콰콰콰콰

코딩맨!

허공에서도 전투가 가능하다니 대단해.

날 얕잡아 보지 말랬지!

제법이군.

촤 라 콰 콰 부웅 캉

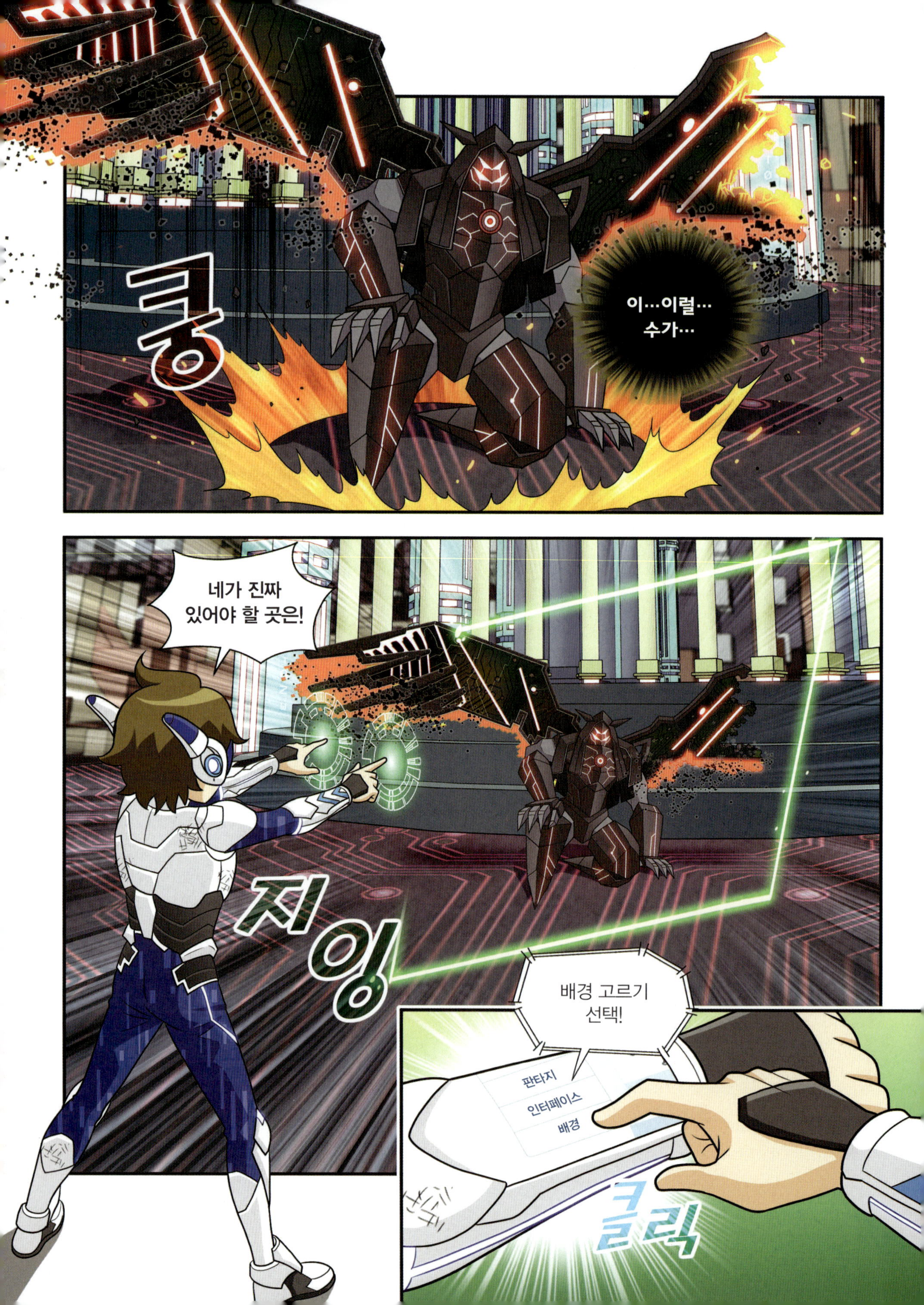

쿵
이…이럴…
수가…
네가 진짜
있어야 할 곳은!
지잉
배경 고르기
선택!
판타지
인터페이스
배경
클릭

뒷이야기

▶ 만화 속 개념 1

로봇을 만들 수 있다고?

아두이노

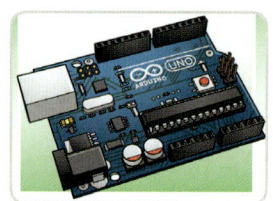

아두이노를 이용해 간단한 디지털 장치를 만들어 보세요.

아두이노가 있다면, 같은 공간에 있지 않아도 강아지 사료를 줄 수 있어요.

로봇은 만들기 쉬울까요? 아니면 어려울까요? 로봇이 어떻게 만들어지는지 상상해 봅시다.

소리봇이나 생김새봇과 같은 로봇을 만들려면 몸체가 필요하겠죠. 이런 몸체를 하드웨어라고 해요. 그리고 하드웨어를 움직일 소프트웨어도 만들어야 할 거예요.

소리봇이나 생김새봇과 같이 용도에 따라 달라지는 소프트웨어와 하드웨어를 만들려면 아주 힘든 일이 되겠지요. 하지만 아두이노를 이용한다면 더욱 쉽게 내가 원하는 로봇을 만들 수 있답니다. 손바닥 크기의 작은 기판에 원하는 기능에 필요한 센서나 부품을 연결한다면 말이에요.

《코딩맨》 4권에서 환희가 아두이노를 이용해 강아지 미미에게 사료를 주던 이야기를 떠올려 보세요. 환희가 휴대폰을 통해 '사료 주기' 버튼을 누르면, 아두이노가 명령을 받아 연결된 사료 통에 신호를 줍니다. 그럼 사료 통이 신호를 받아서 사료가 나오는 입구를 열게 되어 그릇에 사료가 떨어지게 되는 것이지요. 아두이노는 컴퓨터의 본체처럼 버튼과 같은 센서에서 값을 받은 다음, 처리한 결과를 다른 장치로 보낼 수 있습니다. 물론 프로그램을 미리 만들어 놓았다면 말이죠.

그래서 비교적 간단하게 만들 수 있는 미니카나 드론, 복잡한 회로를 가진 로봇에 이르기까지 아두이노를 활용해 만들 수 있는 것은 매우 다양해요.

아두이노
피지컬 컴퓨팅

피지컬 컴퓨팅

상급합체버그에도 아두이노 기판이 있어요.

왼쪽 그림을 보고 알 수 있는 것은 무엇인가요?
컴퓨터의 본체만 있으면 아무것도 할 수 없듯이 아두이노도 혼자 사용하기보다는 키보드를 대신할 각종 센서를 연결하고, 모니터나 프린터를 대신한 여러 가지 장치를 연결해 사용합니다. 즉, 데이터를 수집하는 센서와 동작을 수행하는 장치들을 내가 직접 선택하고 연결한 다음, 직접 만든 프로그램으로 실현해 볼 수 있지요.
특정 온도가 되었을 때 경보음이 울리는 온도계를 만든다고 정하면, 아두이노에는 온도를 감지하는 센서가 있어야 하고, 정해진 온도가 되면 소리로 알려 주는 버저를 연결해야 합니다.
그리고 이때 알림 경고가 울리도록 프로그램도 짜야 하지요.
이처럼 지금 상황을 센서로 감지해 소프트웨어와 하드웨어를 통해 반응하는 시스템을 만드는 것을 피지컬 컴퓨팅이라고 해요.
소리 센서를 연결하여 만드는 소음 측정기나 온도 센서를 연결해 만드는 온도계, 공기의 질을 측정하는 장치 등을 만드는 활동을 하면, 우리는 기계와 프로그램의 원리를 더 쉽게 이해할 수 있지요.

Point

- 아두이노는 명함 크기의 작은 컴퓨터이다.
- 아두이노는 누구나 직접 제작할 수 있는 오픈 소스 하드웨어다.
- 아두이노 프로그래밍에 필요한 자료는 공식 홈페이지(www.arduino.cc)에서 구할 수 있다.
- 아두이노에 모터, 센서, LED 등의 부품을 연결하면 다양한 작업을 수행할 수 있다.

만화 속 개념

▶ 만화 속 개념 2

다양한 프로그래밍 언어

프로그래밍 언어

버그킹이 파이썬을 이용해 코딩맨을 공격해요.

블록형 프로그래밍 언어인 엔트리 블록만 볼 수 있는 코딩맨에게 새로운 능력이 생겼습니다. 바로 코딩맨과 버그킹의 본격적인 대결 장면에서 확인할 수 있지요. 버그킹이 텍스트 프로그래밍 언어인 파이썬을 이용해 공격하자 코딩맨이 인지하고 공격에 대응한 장면이었어요. 이제 코딩맨은 엔트리뿐만 아니라 파이썬인 텍스트 프로그래밍 언어도 볼 수 있게 된 거랍니다. 그렇다면 혹시 코딩맨은 우리가 모르고 있는 또 다른 프로그래밍 언어도 볼 수 있는 것이 아닐까요?

프로그래밍 언어의 종류	
블록형 프로그래밍 언어	스크래치, 엔트리 등
텍스트 프로그래밍 언어	파이썬, C언어, 자바 스크립트 등

파이썬

뱀의 모양을 형상화한 파이썬 로고

위 표는 《코딩맨》 1권에서 배운 프로그래밍 언어의 종류예요. 텍스트 프로그래밍 언어를 처음 시작하는 학생이라면 파이썬에 대해 들어 봤을 거예요. C언어 보다 쉬운 파이썬에 대해 알아볼까요?

파이썬은 1991년 네덜란드 수학자 귀도 반 로섬(Guido van Rossum)이 개발하면서 알려지기 시작했습니다. 누구든지 무료로 사용할 수 있도록 대중에 완전히 공개한 파이썬은 급속도로 널리 퍼지게 되었지요.

누구나 무료로 사용할 수 있고, 다른 텍스트 프로그래밍 언어에 비해 간결하고, 사용이 쉽습니다. 그리고 파이썬은 그래픽

**프로그래밍 언어
파이썬**

프로그램이나 웹 개발 등 다양한 곳에 활용되어 프로그래밍 언어 인기 순위 1위에 꼽힙니다.
《코딩맨》시리즈와 함께 코딩을 공부한 친구라면 파이썬에 도전해 보는 건 어때요?

코딩 상식

● 핵심 기술로 새롭게 탄생하는 유망 직업 ●

직업 소개

빅 데이터 전문가 (SNS 분석가)

사람들의 행동 패턴 또는 시장의 경제 상황 등을 예측하며 데이터 속에 함축된 트렌드나 인사이트를 도출하고 이로부터 새로운 부가 가치를 창출하기 위해 대량의 빅 데이터를 관리하고 분석해요.

소프트웨어 개발자

각종 컴퓨터 소프트웨어를 설계하고 개발해요. 좁게는 소프트웨어 설계와 코딩, 넓게는 프로젝트 관리 업무를 수행하는 사람을 포함하지요.

로봇 공학 기술자

로봇의 구성 요소 및 주변 장치, 툴 등을 설계·제작하고, 시험 평가 결과를 반영하여 로봇을 개발해요.

사물 인터넷 개발자

사물에 센서와 통신 기능을 내장해 사물끼리 인터넷을 통해 실시간으로 데이터를 주고받는 기술이나 환경을 개발해요.

코딩맨 워크북 1

물고기 잡기

상어가 물고기를 잡는 게임을 함께 만들어 봅시다.

❶ 아래와 같이 오브젝트를 불러와요. 바닷속에 상어와 물고기가 있어야겠지요?

상어 오브젝트는 '상어(1)'를 선택

배경으로 사용할 오브젝트는 '바닷속(2)'를 선택

물고기 오브젝트는 '물고기'를 선택

❷ 아래 예시를 보고, 어떤 방법으로 상어가 물고기를 잡을 수 있을지 생각해 봅시다.

- 방향키를 이용해 상어가 앞뒤로 이동하고 회전할 수 있게 한다.
- 물고기는 블록을 이용해 여러 위치(x-y 좌표)로 이동할 수 있도록 한다.

❸ 다음 중 물고기 잡기 게임에 필요하지 않은 블록을 모두 고르세요.

❹ 다음 상어(1)의 코드를 보고, 방향키 방향대로 오브젝트가 움직이게 코드를 만드세요.

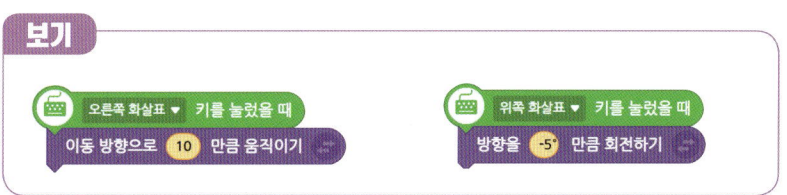

(1)  (2)

❺ 오른쪽은 y좌표를 0.5초 간격으로 무작위 이동하는 물고기의 코드입니다. 물음에 답하세요.

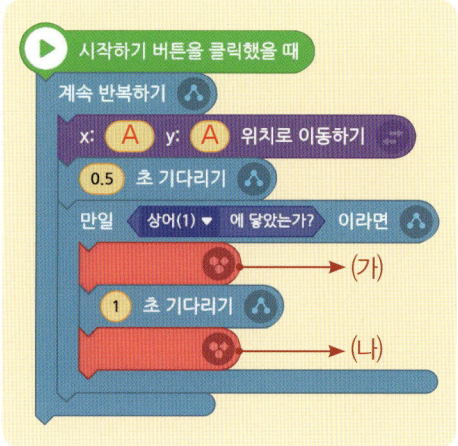

(1) A에 들어갈 계산 블록은 무엇인가요?

① -120 부터 120 사이의 무작위 수

② -120 + 120

③ 엔트리 의 글자 수

(2) 상어에 닿았을 때 물고기를 사라졌다가 다시 나타나게 하려면 (가)와 (나)에 각각 어떤 생김새 블록이 들어가야 할까요?

(가) : _____   (나) : _____

정답 및 해설

170쪽

1. 생략

2. 모범 답안
   - 물고기가 상어에게 잡히면, (먹힌 것처럼) 물고기가 사라지게 합니다.
   - 게임이 시작되면 상어의 위치를 고정시키고, 상어가 물고기에 닿으면 상어가 입을 벌리게 합니다.

3. `말하기 지우기`
   ➡ 물고기 잡기 게임에는 오브젝트가 말하는 코드가 없으므로 사용하지 않는다.

   `상어(1)▼ 위치로 이동하기`
   ➡ 물고기 잡기 게임에서 상어 오브젝트는 키보드로 조종하며, 물고기 오브젝트는 무작위수를 이용하여 좌표를 바꾸므로 특정 오브젝트나 마우스 위치로 이동하는 코드를 작성하지 않는다.

171쪽

4. (1) 10

   (2) 5°

5. (1) ①
   ➡ 무작위 수는 일정한 규칙 없이 무작위로 추출되어 나오는 값을 의미한다.

   (2) (가) 모양 보이기
       (나) 모양 숨기기
   ➡ '시작하기' 버튼을 클릭하면, 물고기가 지정된 좌표에서 0.5초 간격으로 이동한다. 그리고 물고기가 상어와 닿으면 물고기 오브젝트가 사라졌다가 다시 나타나는 코드이다.

버그킹이 알립니다

코딩맨 10권에서는 아두이노를 이용해 만들어진 상급합체버그를 만날 수 있었어요. 만화 속 개념을 통해 **아두이노, 피지컬 컴퓨팅** 등의 개념을 익혀 보고, **엔트리 실행 카드**로 코딩 실력도 키워 보세요!